进阶

身价倍增的

时间、知识、情绪
自我精进

萧秋水　著

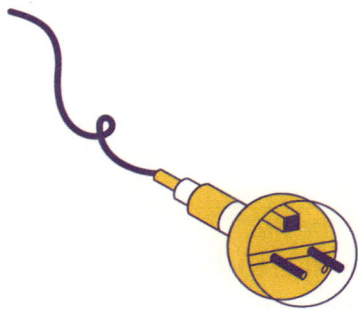

台海出版社

图书在版编目（CIP）数据

进阶：身价倍增的时间、知识、情绪自我精进/萧秋水著.
-- 北京：台海出版社，2017.8
ISBN 978-7-5168-1510-6

Ⅰ．①进… Ⅱ．①萧… Ⅲ．①自我管理－通俗读物
Ⅳ．① C912.1-49

中国版本图书馆 CIP 数据核字（2017）第 184214 号

进阶：身价倍增的时间、知识、情绪自我精进

著　　者：萧秋水	
责任编辑：姚红梅	装帧设计：S&S STUDIO
版式设计：麦田时光	责任印制：蔡　旭

出版发行：台海出版社

地　　址：北京市东城区景山东街 20 号，　　邮政编码：100009

电　　话：010 － 64041652（发行，邮购）

传　　真：010 － 84045799（总编室）

网　　址：www.taimeng.org.cn/thcbs/default.htm

E-mail：thcbs@126.com

经　　销：全国各地新华书店

印　　刷：北京朝阳印刷厂有限责任公司

本书如有破损、缺页、装订错误，请与本社联系调换

开　　本：880×1230	1/32	
字　　数：200 千字	印　　张：8	
版　　次：2017 年 10 月第 1 版	印　　次：2017 年 10 月第 1 次印刷	
书　　号：ISBN 978-7-5168-1510-6		
定　　价：39.80 元		

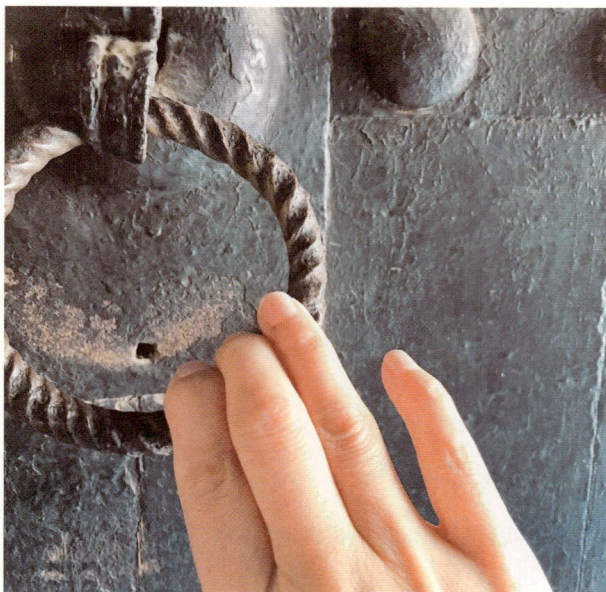

目 录

1 时刻拥有
解决问题的能力

2 用舒服的方式 对待生活

3 学霸都在用的
高效学习法

4 给人际关系做个减法

5 学着接受那些努力
也没用的事

1

时刻拥有
解决问题
的能力

动，是一种进取。
静，是一种沉淀。
敢动，是一种勇气。
能静，是一种修为。

永远相信
美好的事情
即将发生

萧秋水 作品

你敢不敢活成
想要的样子

每个人都应该活成一个战士！

一位朋友有次对我说，下午去安抚一个离婚的朋友了，对他们的离婚还是挺意外的。

我说，离婚不见得是坏事，勉强不离，天天压抑地生活在一起，指不定什么时候出手。

朋友说，一直觉得他们感情很好。

我说，应该这样描述：他们的表演给予你这种认识。

朋友说，对，是表演。

另一位朋友说，她的一位同学也离婚了，结婚不到三年，因为女方发现怀孕时男方说了句"不要，养不起"，女方就觉得不适合在一起了。

我觉得，这样决定也未尝不好。

不是我腹黑，劝离不劝合，而是，时代真的变了。婚姻不再是女性依附的壳。

有个说法曾经流传很广，"以前的人，什么东西坏了就想修，现在的人，什么东西坏了就想换"，听上去充满了木心《从前慢》似的惆怅。

然而很大不同。

以前不修，是没办法，因为物品短缺，情感也差不多。女子失去婚姻的庇护，在社会上无法立足，所以丈夫三妻四妾，妻妾们都只能哑忍。现在的人，东西坏了想换，是因为有换的空间和资本。

挣脱一段情感，也是一种能力。陷在泥淖里不得翻身，这辈子说不定也就毁了。

很多人之所以不敢挣脱，其实是害怕找不到更好的。对自己没信心，对世界没信心，对于未来可以拥有更好的生活没信心。

钟丽缇送大女儿去加拿大温哥华 UBC（不列颠哥伦比亚大学）上大学，未婚夫张伦硕跟着忙前忙后。

年纪相差 12 岁的这对情侣，曾经饱受讥讽。钟丽缇不为外界所动，她曾经说："如今我遇到了，我就是这么勇敢，爱了就坦诚，不在乎别人眼中的我们是否合适，只在乎爱情就好了。"

我觉得这俩人挺配的，钟丽缇就算是三个孩子的妈，也还是充满青春感，张伦硕微博上发的"人鱼夫妇在厦门，飞机晚点酒店自嗨"视频真是超级快乐，这么会玩的人在一起，又何必管长不长久？

经济和精神独立的女性，的确不会瞻前顾后，孩子也不是牵绊，因为她们可以处理好这些关系。一位朋友说，她的姐姐从孩子出生后就没被孩子绊住过，主要是由保姆带，但孩子和她感情还是很好，大人和孩子都挺独立。她姐姐要外出旅行，先生不放心她，于是跟了去，孩子就留在家里，由保姆照顾。

听她这样讲，还真是挺感慨的。经常会在外出分享的时候遇到匆匆早退的学员，抱歉地说孩子在家里，怕先生带不了，要回去照顾孩子。也有宝妈因为家里有孩子，想出来学习却被家人反对。

记得有次看某名人回答问题，一位女性说自己是为了孩子才不离婚，该名人尖锐地说，别拿孩子做借口了，不离婚的状态下，孩子也好过不到哪里去。

很多人拿王菲的感情说事儿，结了几次婚有几个孩子，孩子姓氏不同。然而看窦靖童和李嫣的样子，成长得健康快乐，并不像有些人阴暗心理中所想的那样。

动，是一种进取。
静，是一种沉淀。
敢动，是一种勇气。
能静，是一种修为。

有些人，在一家单位尤其是国企十多年了，会习惯于安逸，不敢动，不想动，但变动不见得不来。而且，变动一来，也许致命。20 世纪 90 年代末，钢铁厂减产，大批工人下岗，就是例子。

长年在温室里，技能退化，一旦被挤到市场，可能发现，并没有可选之路。大潮之中，自以为有的那点儿游泳技术，并不能派上用场。

有些人，在不愉快的家庭关系里，难于呼吸，但是顾虑到别人的看法、社会形象、名利牵系，于是费力地维持。

所以知乎上会有已婚人士问"能不能出轨"这样的话题，很多人藏在匿名 ID 的背后，才敢于袒露自己的一点点想法。

网络对于很多人来说，提供了庇护和发泄渠道。现实中的不如意，是没办法对付的，但在网上，可以肆无忌惮地吐槽，好像可以不用负任何责任，所以，戾气弥漫。

秋叶说："我不骂人，我似乎真的没太多负面情绪，我不知道为啥要和不相干的人生气，哪怕他是你身边天天见的人。"

又说："我就是心大，其实蛮简单，把时间浪费在情绪上还是目标上？我基本上是目标。"

所以秋叶能够从一个 PPT 做得很烂的人，成为 PPT 大神。

所以秋叶虽然普通话不够好，但不妨碍他成为段子手。3 月 18 日，秋叶在上海和李海峰老师、古典老师、李忠秋老师一起，进行超级个体分享，秋叶一出场，引发全场女性尖叫。

提供情绪宣泄价值的咪蒙，和提供成长励志价值的秋叶，你更喜欢哪个呢？

在网上吐槽，和搜集信息、吸收知识，你更常做的事情，是什么呢？

时代已经不同，传统固然有其价值，然而很多关系，都可以被打破了。

在《杨永信网戒中心的恐怖升级：电击、洗脑、全国抓捕》一文中，有这样一段话："他说自己在《英雄联盟》里段位曾是电信一区最强王者，这让他有足够的自信去打职业电竞。这个决定在家里遭到了巨大的反对，父母将之视为'骗人的'邪路，父母找了两个亲戚，说带他去旅游，从南方到山东，一车直接开进了临沂四院的网戒中心。"

　　这样的父母，还活在传统认知中，并不清楚职业电竞也是正当行业，视之为邪路，于是，引发悲剧。

　　很多人活得畏首畏尾。

　　跳槽？不敢。

　　向男神女神表白？不敢。

　　拒绝别人的无理要求？不敢。

　　从不幸福的婚姻中解脱？不敢。

　　不听从家里的相亲安排？不敢。

　　离开父母到大城市发展？不敢。

　　一个人旅行？不敢。

　　说白了，很多人是因为没钱，没能力，懒惰。

　　有人说，并不想依赖父母，但是赚钱少，房子的首付是父母付的，所以装修也做不了主。

　　有人说，不想结婚，但是父母一再催促，也怕亲友看笑话，于是就结了。结婚以后，又开始被催生。真要生了，说不定又要被催二胎。这样"被催"的人生，不知道何时了结。

　　前一个问题的解法，不是和父母沟通装修，而是想办法自己赚钱付首付。

　　后一个问题的解法，其实是和父母、家乡保持一定距离，拥有自己的开心工作和生活。

图省事省力又不想付出代价，因爱和善良而产生各种羁绊，就很难指望人生按自己的蓝图发展。

那也就应该接纳这个事实，情绪上不要有怨恨。

但是很多人不甘心，一边接受，一边埋怨。

2016 年热播的日剧《贤者之爱》中，女主用了 20 年时间，把初恋男友和闺蜜所生的儿子，培养成自己理想中的伴侣，以此展开报复。对这种脑洞和心机，也真是只有大写的服。

日剧中，经常还会出现的情节是：为了守护某样东西，人们愿意为之拼命。

《犬夜叉》里，为了戈薇，犬夜叉不断突破武力上的障碍，提升了自己的保护值。为了玲，杀生丸变得有情有牵挂。

活在世间，我们最应守护的人，应当是自我。拥有了这个能力，才可以兼济他人。失去自我固然可能成全他人，但失去自我的人，其实并不能称为"独立的人"，只是一个附庸罢了。

一个强大的人，并不会因守护自我而失去别人的保护。在愿意保护他（她）的人心中，他（她）是值得的，一味示弱反而存在危险。

你敢不敢活成自己想要的样子？

你想要的样子，又是怎样的？

学会残酷地自我衡量，
而非一味感觉良好

有些人喜欢说坚持，然而如果没有成果，坚持的意义是什么？

坚持吃饭 40 年不足以成为一个人骄傲的资本。

除非成为美食家。

这话是狠，然而你想想是不是这么个理儿？

可想而知，立刻就有人反驳：

"可是很多东西，如果不坚持你就永远不知道有没有成果。"

"还有些坚持并不求成果，追求的就是这个坚持的过程，只要过程还在持续，他就会满足。"

"你有没有想过，不坚持的结果是啥？"

我没有说"不坚持"，我反对的是"不求结果的坚持"。

有人的确是这样的，坚持而不求结果，过程本身即快乐，但这样的人很少。

人们之所以坚持，还是希望这个坚持获得认可，尤其是他人的认可。

有人来问我，怎么出版一本书。

我说，好好写文章，粉丝多了，阅读量大了，出版社自然会来找你。

她说自己在时间管理方面做得不错，已经坚持了好几年。孩子出生后，也坚持给孩子制订科学的日程，贯彻得很好。

我说，这些只是过程，还不是结果。

我问，你时间管理做得好，在工作上取得了什么成就？

她列举了一些成绩。

我说对，因为有这个成就，时间管理才有意义。

我又问孩子的成绩如何。

她说孩子还小。

我说，就是因为孩子小，一切才可以由你安排。等到孩子上学了，课业重了，如果在你的日程安排下，既能完成学校的作业，又不觉得时间特别紧张，还可以玩得开心、发展业余爱好，那才值得说一说。

她想了想，说，是这样。

我当然不是打击她，她来问我，我就要负责任地回答她，帮她指出问题，一起弄清方向。

坚持做某件事情本身，似乎已经可以有很强的成就感，所以很多人热衷于此。

比如在某个群坚持打卡多少天。

写了多少篇原创文章。

跑步多少天。

读了多少本书。

……

我承认，这里面的确能表现出过人的毅力，我也非常佩服。

然而天数、次数、篇数的累积，并不一定带来真正的成长。

热切地打完卡以后，可能回头又进入了低效状态。

原创文章可能没有多少人阅读。

跑步几百天，说不定还会膝盖损伤。

读了很多书，明白了很多道理，但还是没能过好这一生。

因为这种坚持能够带给人莫大的快乐，所以停不下来，参加完一个训练营，立刻开始下一个。

这个群的打卡结束了，立刻再参加下一个打卡群。

别急着反驳和愤怒，我不是说所有人。

如果你这样做一直很快乐，那也无可厚非。

然而你身边的人呢？他们会不会快乐？他们是不是一直支持你？

一位热爱学习的妻子和妈妈，参加各种各样的学习，包括参加各种考试、拿各种证书，也喜欢这个过程，不过又觉得，似乎并没有拿得出手的技能，她来问我，能不能成为自由职业者。

我看了她的描述，决定阻止她。

我告诉她，有一份不错的工作，有个幸福美满的家庭，热爱学习，都是好事，然而尽量还是别太折腾，把学到的东西拿到工作和家庭里验证，自己和家人的幸福感都会上升。她其实还是个可爱的孩子，并没有完全进入到妻子和妈妈的角色中，我和她开玩笑说："你这样下去，你先生会觉得，自己不是娶了位太太，而是既要照顾儿子，还得照顾你这个女儿。"

她不好意思地笑了。当然也是因为她性格爽朗，我才敢说，否则对方可能会生气，适得其反。

我经常会在文章中提到 Scalers 坚持写了一千天的文章，也有人用这个来反驳我，说你不是推崇这个做法的吗？

我是推崇这种坚持的，Scalers 称之为"持续行动"。

不过，关键点其实不是他坚持了一千天，而是他文章的品质，观点犀利，论证充分，是烧脑文而不是灌水文。他真正的价值，不在于一千天，而在于坚固的思维之墙和强悍的行动力。

有些人的确是在坚持写文章，然而可读性并不强，坚持了很多天以后，并没看到多少进步，我指的就是这样的坚持意义不大，就像原地踏步，不是没有消耗热量，然而单凭这个动作本身，是没办法环游地球的——如果这是他们的目标的话。

比如要出版一本书，原地踏步一千天不足以成为吸引读者的理由。

达达令 10 个月做到公号 10 万粉，剽悍一只猫 9 个月做到公号 50 万粉，其中的关键点，是在于他们的内容、他们的连接价值，而不是坚持"10 个月""9 个月"。

如果只是拼时间，那么人人都可以成为达达令和剽悍一只猫。

然而显然不是这样。

坚持一千天写文章也不算什么难事，我就坚持了 18 年呢，然而如果我没写出 10 本书，我不认为这 18 年的写作坚持有什么价值。

有作品，我可以被称为作家而不脸红，没作品，我就只是一个写作爱好者。

鸡汤里总是告诉我们，只要坚持不懈，就能成功。

鸡汤还告诉我们，地球是圆的，只要你坚持跑下去，就能够到达你想要的终点。

拜托，讲点儿科学好吗？

说的好像地球上一马平川，只要穿一双跑鞋，沿着路跑就行了？

遇到大海怎么办？跳进去？

遇到高山怎么办？翻过去？还是绕过去？如果绕不过去只能翻山呢？如果必须要翻过喜马拉雅山峰呢？

也都照做吗？

学习是讲究毅力，但也讲究方向和策略。

学习需要反馈，才能知道自己的行进坐标。

游戏为什么吸引人？就是因为有实时反馈。打卡也是一种游戏，在某种程度上可能给人一种"做到了"的假象，然而最有效的打卡，应该是有实质有丰富内涵的。比如早起，真正值得打卡的内容，不是早起本身，而是早起以后做了多少事。

如果坚持是为了自得其乐，那没关系，继续坚持，哪怕没有结果。

如果坚持着却开始迷茫，不妨看看自己的目标是否正确，不妨看看优秀的标杆，透过现象把握实质。

有时候，因为自我感觉良好：啊，我已经做了这么多！

于是，就很难再往前进步了。

自我感觉良好的下一步，就是自命不凡。

优秀，是卓越的绊脚石。

当我们说自由的时候，
我们在说什么

在分答上，有很多提问，都让我非常感慨。

大学还没毕业，对社交平台都很陌生，问怎么用简书来实现财务自由。

年近 30 岁的人，感觉焦虑，想要快速提升能力和赚钱。

没有一技之长，兴趣广泛但不精，想知道怎么实现财务自由。

我感觉有点儿悲伤。

是的，工作和生活的压力都大，人们渴望拥有财富，这没什么问题，但是，要有能力，能力是基础。

另外，我想知道的是：

人们快乐吗？赚到钱之前快乐吗？那么，赚到钱以后呢？

我不焦虑，不恐惧。

因为我了解事物的规律。

我知道，我会老去、死亡。

我计算过，我目前一月所需，顶多万元，其中一半是房租。我的日常用度都很简单，最大的花销是数码，然而今年更新了笔记本、iPad、手机等，可以用较长的时间。

有朋友问我要不要换 iPhone7，我说暂时没需要，因为手头的还够用。我不与别人攀比，只关心自己的需求。

我现在单身，即使结婚时我们只能借居在亲戚家中，也没觉得有什么不妥。两个人的幸福，比物质条件重要。我们能吃饱、穿暖，每天一起玩耍学习，很开心。

我现今明白了，最大的自由，是心灵自由。

甚至不是行动自由。

就算行迹遍天涯，若心不自由、不能安住当下，又怎么能够领略好山好水？

那只会是，良辰美景虚设。

因为住得靠山近，每到黄昏时分，我经常去爬山。

因为太累时外出运动一下，也是一种放松。

我沿着大路向上走，走得很慢。黄昏的天边，彤云微卷，山风拂来，湿润清凉。疲倦的我，闭上眼睛，全身心地感受。

树与花，细碎的叶子，绚烂的颜色。

走着走着，觉得神经松弛下来，心轻松起来。

一直是微笑着的。

这是我在外面走路时的习惯。

迎面走来的都是陌生人，然而我觉得没必要摆出漠然的脸。

我喜欢对世界微笑，同时，也对自己微笑。

从内心深处绽放的微笑。

天渐渐地暗下来，分辨不出叶子与花的颜色，月亮出来了，在天空中。

真好。

后来，有人问我：

"秋水老师，既然每个人最终都会归于尘土，那您觉得人活着到底是为了什么呢？"

我回答她：生如夏花绚烂，死如秋叶静美，来一场，不白活。

她回馈说：

"谢谢老师的回答，我很喜欢并且赞同这个答案。"

若我们根本不懂得享受生命，赚再多的钱有何意义？

不过是数字而已。

家乡的好友生日，我发了红包给她，是和她生日相关的数字。

分答上赚了钱，我给妹妹一个大红包，让她买水果吃。

朋友想去参加一个北京的 DISC 一日商学院，我替她交了培训费。

这微不足道。

我做这一切时，心里充满喜悦，因为，我爱她们啊。

我每天有不少钱流进流出，钱本来就应该这样用。

我有能力照顾我爱的人们，这样多好。

有人会说，我经常拿红包说事。他没有明白的是：

他的关注点是红包，而我的关注点是：爱。

我爱世界，爱一部分人。

是的，我坦率地承认，我不是爱所有人，那太"圣母"，不是我这个普通人能够做到的。有些人，我很讨厌，不愿意接触他们，我只爱那些积极的、乐观的、包容的、开放的、美好的人们。

因为爱，因为我有能力避开讨厌的人，所以，我眼里尽是美好。

我的阳台上，花木更加葱茏。

我的书架上，又增加了不少书。

我饮告白茶事温碧珠托赛美带给我的红茶，吃剽悍一只猫寄来的各种水果，小怡亲手卤制的牛肉和鸭舌，小红红熬的酱，我很幸福，我深深地知道。

我每天工作，也享受生活。对我来说，二者并无界限。

我们每一个人，可以用自己的双手，来缔造自己的命运。

我们每一个人，都可以通过自己的努力，来达到想要的自由。

当你寻到自己的根脉，
就可以更坚定地前行

西安是一片到处生长着故事的土地。

我更愿意把西安称为长安，或西京。

《大唐荣耀》刚刚结束，广平王和珍珠，倾倒了很多人。多年以前，台湾拍过《珍珠传奇》，讲的是沈珍珠的故事，主题歌里有一句，"望断西京留传奇"。我以前也喜欢读《西京杂记》，各种小八卦，比如"司马相如妻文君，眉色如望远山，时人效画远山眉。"

古人们想必也会空虚寂寞冷，所以也喜欢八卦、蜚短流长的韵事，还有追星，比如美男子卫玠被狂热地追睹风采，结果劳顿过度，以至身亡，留下一个词："看杀卫玠"。

西安，不是一片单纯的土地。

我在 2017 年 3 月 30 日下午到达深圳机场，前往西安参加一个活动：

"中华文明寻根溯源之旅"。飞机延误了几个小时，下飞机时，正看到夕阳沉落。虽然已来过西安多次，我还是有点儿小激动。

西安，我又回来了。

这几天，雄安新区横空出世，引发一波抢房潮，不过可惜，知道消息再动手已经晚了，所以很多人感叹再次和暴富擦肩而过，而在雄安有房有地的人们，则可能会因为拆迁而致富，这自然又引发了很多艳羡。

我知道这个消息，但掀不起心里的波澜。

我忙着在路上奔波，到白鹿原影视城，看话剧《白鹿原》，到袁家村，看礼泉小戏。板胡激越，秦腔嘶吼，似乎心底有什么被点燃。本是不羁的灵魂，更加恣肆地泼洒飞舞，如火；同时又非常沉静，聆听着过往的故事，沉进历史之中，如水。

上善，若水。

在袁家村，微雨落花，穿行街巷。洋牡丹开得极是绚烂，美丽到不真实。

梨花下古老的水井，远远映出人的倒影。藤蔓爬满白墙。阴沉的天，阻不住好兴致。

在茶馆里看皮影戏，几位艺人，搭个简单的台子，蒙上幕布，皮影透过灯光，由艺人操纵着舞动。动作和故事情节都不复杂，唱腔仍是直抒胸臆。其实听不太懂他们在唱些什么，然而我懂得那种情绪，陶醉于那种氛围。

我在前面拍完了照片，坐到最后面，隔着几排桌子遥遥看向前面，嗑瓜子，饮茯茶，茶馆里正在蒸制茯茶，香气四溢。

和旁边的袁家村刑警队长闲话。他长得文质彬彬，看不出是警察，问我知道不知道茯茶的来历，细细地讲给我听，又问我是否吃得惯陕西的饮食，我说不仅是吃得惯，是非常喜欢。他叫好，说这样才能行走四方。

一曲既罢，挥手道别。

这次活动安排的行程既享受也艰苦，相当一部分时间，都是在路上。我们从西安出发，经宝鸡，到达乾陵、茂陵，再向黄陵县出发。

有不少时间窝在车上，有时候下午两点多才能吃上饭，有时是晚上八点多到达后吃饭。不过大家都不叫苦，这固然是因为西部网体贴周到，专门带了锅盔和辣酱在路上吃，也是因为大家作为记者，都已经习惯，这是工作不是娱乐。祭陵也是庄重的事情，参与这次行程，就都有思想准备。白天的日程紧张，有些记者往往要赶稿到两三点，然后在车上补觉。

前天晚上抵达袁家村，我们吃过饭，从餐厅出来，看到西部网记者樊永强站在门口，衣服齐胸以下全是湿的，大家不明就里。突然间一位女工作人员抢出来，拉着永强连声道谢，这才知道原来永强刚刚见义勇为，救了落水的小朋友。落水的是那位女工作人员的孩子，四岁的哥哥带着三岁的妹妹在院子里玩，妹妹不慎落水。永强正好站在院子里抽烟，知道发生了什么事后立刻赶过去，不假思索地跳进水中，把小女孩送上来，自己却没了力气。西部网的同事拉了他三次才把他拉上来。永强后来说当时站在水里，腿都软了，因为没脱衣服就下水，衣服特别沉。他当时身上带着相机和手机，相机还算及时抢过来，手机因为泡水，报废了。

我后来对永强说，实在佩服他毫不犹豫就跳进水里，如果是我，可能会犹豫一下相机和手机等。他说当时来不及思考，抢救落水者的关键时刻非常短，根本不容人多盘算。和永强闲话，才知道以前永强就曾经在遇到小偷时加以呵斥，虽然小偷有三个同伙，但幸在没有动粗，永强全身而退。

我想永强身上，恰恰体现了秦人的精神：粗犷、仗义。

其实，秦人精神，也是国人应有的精神。
是刚硬的志气，是汩汩有声、流淌于血管中的血性。

三秦大地，的确是中华文明的根脉所在。往昔，我大多只是浮光掠影地飘过，而这次来，希望能更深地挖掘，沉下一颗心，好好地看、听、思考，在这片土地，上下求索。
我们从哪里来？
其实，就是这里，就是这片黄土高原。
是以，我对这里饱含深情。
蓝田、半坡，先祖们在水草丰茂的河边，捕猎、烧陶、种植，繁衍生息……
红艳艳的油泼辣子夹进馍里，一口咬下去，那份香，恣意、放肆、过瘾……
厚厚黄土，广袤蓝天，此处原不讲究精致，只要豪迈。乡党们憨厚的笑容，表相粗犷但处处讲"礼"。在关中人灵魂里流淌的，是掩不住的血性。秦腔必须要吼出来，才格外畅快，婉转的小调，只属于江南。那高亢入云的声音，极富感染力。我每每会在听秦腔时，有欲哭的冲动，甚至泪流满面。可能就是因为，那样的声音，更容易引发人的共鸣，即使语言上稍有隔膜，然而情感始终同源，容易唤醒。
这次过来，有很奢侈的安排，下午去著名的易俗社参观。西安易俗社被誉为世界三大古老剧社之一，以百年历史积淀，见证着秦腔艺术的兴衰与中国社会的沧桑变迁。看过精彩的特场表演，去德发长吃过饺子宴，晚上看现代史诗级大戏《易俗社》，讲的就是易俗社的历史。

中华文明追根溯源，根与源，就在于此。

它原本应该在，你与我，每一个人的血管里。

假如只是浅浅地飘过，吃一碗羊肉泡馍、看一眼兵马俑、去趟华清池，就说到过了西安，其实，可能只是笑话。

至少，还要听一曲秦腔，尝尝饺子宴，喝碗黄桂稠酒，在大雁塔下走走，瞻仰一下玄奘大师的铜像，在城墙上骑单车绕上一圈……

如果吃羊肉泡馍，最好是去当地人吃的小馆子，安安静静地，花上两个多小时掰一块馍，泡在鲜美软烂的羊肉汤中。吃完了，再喝一碗鸡蛋汤解腻。闲逛时，一杯甜美的石榴汁也是必不可少……

站在一片土地上，不应该只看到表层，而应该看到它的过去、现在，以及未来。让眼睛穿透眼前的迷雾，直透历史的深处。

眼前的这片土地，曾经弥漫过三秦风烟，汉家陵阙灞桥残柳，盛唐气象大气恢宏，诗词歌赋不胜枚举。如花容颜，盖世才华，"绣口一吐就是半个盛唐"，多少故事发生又湮没？

我们在西安事变的旧址，如今的作协，见到了贾平凹老师、杨宏科老师、阎安老师。这些灿烂的名字，可能不被当下的年轻人广泛知道，然而陕军在文学史上的地位，是始终耀眼的。

斯琴高娃在《朗读者》节目中朗读贾平凹的《写给母亲》："现实告诉我，妈是死了，我在地上，她在地下，阴阳两隔，母子再也难以相见，顿时热泪肆流，长声哭泣啊。"这篇文章让一大批观众纷纷落下了眼泪。贾平凹老师说，也有人让他去读，而他直言："这不是说我写得有多好，每一个人写他的父亲母亲的时候，他们都是有真情实感的东西，他们在读的过程中，可能是想到了自己的父亲母亲，最重要的就是斯琴高娃朗读得好。"

一口陕西话的贾老师，平易近人。见到贾老师，还真是有点儿小激动，因为是粉丝见偶像。虽然时间紧迫，没能和贾老师单独合影，但是握了手是不是就可以沾染一点儿文气呢？

我的旅行，始终是坚持两个原则：

去了就是当地人。

能掺和就多掺和。

在作协拿到了贾平凹老师的签名，在西安美院见到了刘文西大师，美术馆各种藏品真是美不胜收。

我们还在美院研究生的指导下，体验了版画的制作过程。

亲手操作最终的图画成版，他们非常体贴地把那张画送给了我，虽然事后发现这个操作的过程弄脏了衣服，也无所谓，因为体验的过程最重要。

美院的杨锋教授说，毕加索就特别喜欢铜版画，我问，那是为什么呢？他说，就像小孩子喜欢拆东西一样，其实成人也有破坏欲，在刻制铜版的过程中，会特别有成就感，只要拿起笔，就不想停下来。

我猜测，那个过程中，应该极易专注，进入心流状态。可惜铜版画的制作全程需要特殊场地和设备，还真是必须在美院这样的地方操作才行。我体验了局部，已经觉得很满足。

其实何止旅行，生活中不也是如此？

有些人其实并没有好好打量眼前的生活，每天只是机械地上下班，通勤路上也不抬头，盯着手机或者戴着耳机，沉浸于自己的世界。花开没开，天蓝不蓝，似乎全与他们无关。

我今天在微博发出几张春天花开的图，有人说，色调不自然。其实，如果仔仔细细地观察眼前的花朵树林，就会明白，在明媚的阳光下，色彩的饱和度非常高，鲜妍的颜色和花瓣的质感给人美好的享受，如果只是匆匆一瞥，可能就忽略了那种美妙。

生命的画卷徐徐在我们眼前展开，然而终究也有尽时，就像今日行走其上的土地，太多辉煌只余陈迹，或者仅仅流转在口头的传说里。不管是诗与远方，还是眼前的生活，如果愿意把握好每一个瞬间，如果愿意多些创意、多些主动去制造快乐，一切就会变得不一样。

作为来了就是西安人的我，愿尽自己的能力，让更多人感受到它的美好。

如果你来或再来西安，愿你能够自在地行走于大街小巷，任性地感受高原灿烂的阳光。

如果你不来，也没关系，你只要享受眼前的生活，只要开心，那就很好。

你的岁月无法长久静好，
是因为你不了解世界的残酷法则

有次，我在知识型 IP 群的每日一问中，提了一个问题：

如果你坐在一架失控下坠的飞机上，你应该怎么自救？

其实答案很简单：没法自救。

但，是不是这样提问就没意义？

不是。

意义在于：我们需要思考，有些险境是否可以避免？

也就是说，能否尽量不让自己面临那样的情况。

飞机失控下坠，这的确是没办法的事，遇上了，是运气不好。

但是有些事情，是可以把控的。

比如不要被卖进深山无法逃脱。

比如及时察觉某些骗局。

另外的意义是：提前准备。

比如真的遇到不可控事件时，此前有没有做过准备：银行密码有没有告诉家人，公司股权文件在何处存放。

在农业时代，一个人是比较容易平安度过一生的，最大的危险是兵荒马乱。

而现代，一个人早晨出了门，就有可能回不来。

太多的意外因素。

我们看电视电影，尤其是特工和超级英雄那类，非常容易被迷惑，似乎自己也可以做到。

你可以试一试，不要说在悬崖边或高楼顶拉住一个人的胳膊让他不要下坠，你就在单杠上试一下自己能够停留多长时间。

我们生活着的世界，其实有两个：

一个是我们头脑中的虚幻世界，一个是现实世界。

虚幻世界中的我们，总是更强大一些，只不过，是幻象。

现实世界中的我们，受制于各种规则，有时难以突破，所以经常会感觉软弱无力。

这两个世界也可以重合，条件是，需要强大的支撑。

环境的支持、自我的能力，还有运气。

如果把希望寄托于运气，就太被动了。现代社会的生存法则，需要强壮、强大，需要对坏人、恶事的深入了解，有时，需要适度的强硬。

其实就是古语所说的：

"害人之心不可有，防人之心不可无。"

有时候，害人之心，也不是容易界定的事。

1974 年 8 月，日本发生了一起灭门惨案，奥村一家，除了丈夫因上班而幸免外，妻子和八岁、四岁的两个女儿，被人用乱刀杀死。凶手是其楼上邻居，现场留书说明了原因，表示自己杀人实在是忍无可忍。

为什么忍无可忍？

奥村家买了一台钢琴，妻子每天督促两个孩子练琴，这个声音让楼上的邻居坐卧不宁，因为他对钢琴尤其敏感。

杀人两天后，邻居自首。在审判中请求判自己死刑，说自己本来就是快被钢琴声逼死了，所以抱着宁可死也不再受这种折磨的念头去杀人的。后被判处死刑。

当时的日本法院和民众，普遍把事件归于凶手的神经过于敏感。

事件之后，作曲家团伊玖磨评论说：

"我作为音乐家，当然多少也会把练琴的人看作自己人。但是，我并不支持大家在家里练琴，影响四邻。钢琴，本来是西洋国家有自己房子的人或者在沙龙里使用的乐器，（发生事件的）廉租公寓壁板很薄，在这种房子里摆弄钢琴本身就是放错了地方。钢琴，是为人服务的，要是人做了钢琴的奴隶，那世界可就颠倒过来了。"

因为钢琴而酿成血案，国内也有发生。苏州一户人家，被邻居持刀强闯入户，母亲被砍伤，孩子因关上门躲在琴室而幸免。

练琴者会感觉无辜，觉得自己不过就是练了下琴而已，为何就会引来杀身之祸？

伤人者无法忍受噪音，不惜铤而走险，也付出巨大代价。

为什么是相互伤害，为什么不能相安无事？

世界上并没有感同身受这回事。

练琴者的狂热，听琴者的狂躁，如同水火，不能相容。

有人说你可以戴耳塞。他并不懂得，有些人戴上耳塞会非常难受。

有人说万事和为贵。他不懂得声音对人的杀伤力，懂的人，要么干脆搬家（如果有能力），要么针锋相对——你要你的自由度，我有我的安居权。

白银案破之后，我阅读了很多相关资料来了解案情，顺带阅读了其他连环杀人案的情况，比如龙治民、杨新海、宫润伯、罗树标等。

这肯定是让人难受的阅读过程。连阅读都无法承受的话，假如身临其境呢？

有人说对杀手情况的了解没有意义，死一万次不足以泄恨。从感情上说，这是可以理解的，但是从理性上说，探究出动机，是必要的。

我买了本《FBI危险人格识别术》，准备阅读。也许我终生遇不到这样的人，但至少要有一定的知识储备。既然没有做傻白甜的资本，那就提升自己的智慧层次吧。

杨新海杀人案中，选择的都是有年轻女性的农村家庭。深夜潜入，一锤毙命。沉睡中的人，来不及做任何反抗。

生长于一线城市的人，就算你再热爱旅行，如果孤身一人，会不会投宿到偏远地区的人家？那在某种程度上，就是置自己于"失控下坠的飞机上"。

回避和躲闪，并不能解决问题。改变不了事实，就改变看法，在某种程度上也是代表了一种无力。

世界是一个极其复杂的体系，每一个人，的确是自己小世界的圆心，但世界肯定不限于这个小世界。

这个世界上发生的事情，尤其是正在发生的事情，和我们每个人，都或多或少地有着关联。在某个特定的时刻，具备了相应的条件，就可能重复发生。

如果连自己都不能保护，又希望拥有美好，那么即使拥有也是脆弱的、经不起外界的敲打。

不能怨世界不公平，因为锻炼取决于自己而非别人。愿不愿意付出时间、体力去提升，是自己的事。

内心强大，神经茁壮，孔武有力，知识丰富，决断迅速，才配在这个世界上更好地生存。

真正的智慧化生存，就是你知道这个世界有很多老虎，但你可以避开或者打死它们，心无畏惧，坚定不移，仍然可以从容悠游地，在阳台看花、听雨。

缺少安全感，
你可能需要从三个方面着手

这三个方面是什么？

过硬的能力。

强大的内心。

温暖的支持团。

过硬的能力

我和剽悍一只猫、沈小怡、王阳等几位朋友到婺源度假。

去年我到过两次婺源，都是到清华镇上的花园山庄，这次过来，是到朋友洪彬的第二家酒店来体验一下。

这家酒店，开业不到一年，已经是"2016 中国最佳民宿体验大赛"的冠军得主，我看过很多次图片，不过这次过来，还是感觉惊喜，实地感受超乎我的期望。

我和洪彬的先生，李正雪李总，彼此知道已经很久，这次第一次会面，一见如故。早饭后，李总带我们从下晓起沿着青石板路，前往上晓起。

一路上，皇菊绽放，远山如黛，新雨后怡人的田园风光让人痴醉，我虽然来过晓起，但季节更换，另有一番美感。

午饭后就是午睡，缓慢怡然的节奏，然后李总带我们去西冲村看在装修的另一家民宿。

我也几次到过这里，每次都有变化，相信下次我再来，就是这里竣工启用了。这里和其他几处又是不同的风格。老宅改造成的民宿，古老的外表包裹着现代化的设施，想象下雨的时候，靠在榻上饮茶、听雨，该是何等享受！

晚饭后由胡老师给我们泡茶喝。

既然高人在座，我不失时机地请教李总关于股市、川普当选总统、中国房价走势等问题，因为李总是专业人士，所做的研究比普通人深很多，所以和李总聊天，非常长见识。

更加令人惊喜的是，本来白天是阴沉的，晚上，竟然月亮出现了！这可是超级月亮啊。

在四楼的天台，透过天文望远镜，可以清楚地看到月球表面的环形山，月光洒满整个天台，远处的山、近处的徽派民居，都笼罩于清冷的月色中，如诗如画。

胡老师已经在天台茶案上摆好茶，又喝了几道，看时间差不多了，我们几人同时告辞，回到房间去写微信图文，因为次日要发送。而当天最重要的事，是胡老师带我们再重走一遍上晓起的青石路——跟着证券专家和茶博士，即使是走同样的路，收获和感受也不同，为了珍惜时间，我们还是及时写好为宜。

白天的一路上，李总用手机来查看他的证券，我通过微信和别人沟通我的项目、回答分答提问，玩耍的同时，并不会耽误工作。移动互联时代的游牧民族，网络和 APP 的熟练运用，使我们这些人不管身在何处，都可以在工作和生活状态中自如切换。

穿过晓起商铺时，看着琳琅满目的特产，我不时向李总提议，这个可以作为会员赠品，那个可以做什么，唯有身在其地，才会触发灵感。随时随地，既放松，也持续思考。因此，旅行亦可提升。

能力是我们在这个世界上好好生存的基础，很多时候，我们之所以缺少安全感，不过是因为掌握的知识和技能不足，所以难以解决各种层出不穷的问题。安全感的来临，往往是和挫败感一起。如果我们愿意培养强大的能力，愿意排除万难把自己打造成无敌金刚，也许我们心中的畏惧就会少一些。

有很多人都向我抱怨，说自己受到原生家庭的不良影响。我则不客气地说，原生家庭的影响固然是非常深远，但是一个人长大成人，应该具备摆脱原生家庭影响的能力。当有人不断诉说受到原生家庭的影响，在某种程度上，可能只是觉得失败是有原因的，而这个原因不在于自己。承认原生家庭带来的伤害，是一种勇气，但是更大的勇气，则是破解这个谜咒。

以我所了解的，没有多少能力不可以培养出来。

当然，对于懒惰和不愿意觉醒的人，并无效用。

强大的内心

通常来说能力够了，内心也就强大。

然而内心的强大和能力一样，并不是一朝一夕就可以成就。

和能力培养遇到的障碍一样，很多人之所以内心不够强大，是因为太急于求成。他们不太愿意接受循序渐进的漫长过程，希望直接获得方法，或者更好的办法是：方法和工具都不用告诉我，直接替我做了就行了。

有时候，又不愿意为此而付费，这当然会比较麻烦。

有些人误以为，强大的内心意味着不惧权威，敢于批判。到处撕咬的结果，可能看上去很强大，以为没人敢惹，但事实上却是没有多少人愿意搭理。

软弱的人或者这类"内心强大"的人也都喜欢抱团取暖，因为可以互相打气，然而这对于成长并没有助益。

真正强大的内心，首先要懂得区分青红皂白、是非曲直，有自己的独立思考、独立人格，不附庸于任何的人事物，宁愿膝盖被打折，也不会主动跪下去。他们不会盲从别人的意见，也不接受指导人生的各种提议。

能够左右自己人生道路的人，才是真正的强大。

在这样的时候，又怎么会缺少安全感呢？

温暖的支持团

王禹宸曾经问我，怎么才能遇到更多优秀的人。

我回答说：先把自己变成优秀的人。

当我到达晓起，洪彬对我说："欢迎回家。"

大嫂让我去她家吃饭，也是说："欢迎回家。"

夜晚到达黄山机场，有司机去接，然后一个多小时到达晓起，晴姐已经等在门边，熬好了红糖莲子给我，还有她拿手的野生河鱼。我上次到婺源，她做给我吃过，我赞不绝口，连鱼汁都用来浇面条，她记住了，所以又做给我吃。

我一个人在深圳，没买车没买房，没有漂泊感，不缺安全感，就是因为身边有这么多爱我支持我的人们。当我迫于楼上邻居不断制造噪音、沟通无果、被迫搬家而想买房的时候，很多朋友和粉丝都伸出援手。

除了现实中的朋友，还有网上的无数人。他们和我分享美好的图片，因为我的普通话进步而鼓励我，购买我的课程、书籍和培训等以支撑我的生计。

在 319 广州 DISC 一日商学院结束时，Steven 特意过来对我说，他觉得喜马拉雅知识管理课程非常好，他反复听了多遍，这个课程陪伴了他半年的时光，他也推荐给很多朋友，让我不要在意有些人的看法。这样的鼓励让我特别感动，我告诉他说，课程准备要升级，不是因为在意差评，而是因为自己的水平有提高，所以以前的部分要重新录制，也会邀请优秀学员来参与评议。

我一直觉得自己是幸运的，相比很多大 V，我的粉丝量并不算大，我的阅读量也不高，然而赞赏量、课程和书籍的销售，都很不错。为了不辜负爱我的人们，我不会止步。

有时候，人们会问我，怎么才能获取别人的支持？

我的答案也很简单：去爱人们，去付出。不要只是索取，也不要拥有了爱而不懂感恩。

如果身边没有关爱自己的朋友，可能会觉得孤单寂寞，遇到事情不知向谁哭诉，于是感觉凄惶。

然而也许还可以思考：当自己的朋友遇到事情时，自己有没有及时伸出援手？在朋友需要帮助的时候，自己有没有付诸行动？

也许还可以更进一步思考：不管是在现实还是虚拟的网络，我们是擅长鼓励人还是打击人？如果是后者，又怎么可以奢望拥有良好稳固的关系？

我特别喜欢《云图》中的这句话：

"我们的生命不仅是我们自己的。从子宫到坟墓，我们和其他人紧紧相连，无论前生还是今世。每一桩恶行，每一项善举，都会决定我们未来的重生。"

培养过硬的能力、锻炼强大的内心、拥有温暖的支持团，每个人都可以有很多途径达成这些。

如果你真的有这种渴望，并付诸行动，当你拥有时就会发现，安全感，原来不是那么难。

为什么你懂那么多道理，
却落不了地

有天早上，洗手盆的下水管突然漏水了，于是取下管子研究了一下，发现原来是里面堵塞了，把杂物取走，重新安装上，就好了。

这倒不是为了省钱，而是顺手研究一下下水管的组成和原理，即使以前没干过，一看也差不多懂了，再动动手，就更明白怎么回事了。这样也利于养成动手的习惯。

Scalers 说，这就是初中物理的知识，连通器原理。

我的物理一向学得不好，记得高中时有次考试，只考了二十多分，幸亏后来分科，不用学物理。

直到我毕业后很多年，才明白物理是多有用，数学是多有用。

我现在其实是在通过生活补课。

有些道理，隔了那么多年，在动手之际，发挥了作用。

"道理我都懂，就是不知道怎么做。"经常听人这么说。

其实是没真的想做。

想做，总有办法。

不想做，就归咎于各方。

听道理是简单的，把道理付诸实施，是有点难度的，而且，通常不如前者更有成就感。

所以有些人喜欢参加培训，因为培训就是听道理。听完一场培训，浑身充满了力量。

隔了几天，就像充气的皮球，泄了劲儿，然后，再去参加培训，听些道理。

除了道理以外，有些人喜欢干货。

不管道理还是干货，最迷人的就是那种"充实感"。看了很多干货的人往往并没写出 10 万 + 文章，也没赚到 10 万 + 人民币。因为他们马不停蹄地在追求干货，就像赶场一样，并没有停下来思考和行动。

在这里，道理和干货，就跟鸦片似的。

在喜马拉雅的知识管理课程里，有一节课，我留了作业，问知识输出和应用有什么不同。有不少人都在评论或微博交作业，这个做法本身，就是输出。

但需要结合自身的情况落实在行动上，才叫应用。不管是改变了思维，还是通过行动带来了改变。

简单地举一个例子：

输出，就是看到一个菜谱，自己抄了一遍，或者分享给他人。

应用，是照着菜谱做了一道菜。

知识不是一道菜，不是别人端上来，吃了就饱了。

而是需要自己的消化。

有些人一看，这知识竟然不管饱，于是怒了。

"你这个骗子！差评！"

"说好的干货呢？"

其实他们想要的，不是道理，是代劳：我花了 100 块钱来购买你的知识，你最好教给我立刻赚到 1000 块的办法，最好连行动都包了，我只想要那个结果：钱。

很多人陷溺于毒品和游戏并不奇怪：那是最快速、最立竿见影的享受啊！

他们追求：短、平、快。

快，不是不能，但，有时有害。

为什么别人可以赚那么多钱？为什么自己不能？

房价是一个理由，但不是全部的理由。

它不足以解释贪婪。

再说了，难道想快，就快得了？

世间万物，有它的规律。

我近来发现，"听"比"看"对人的要求更高。举个例子，比如我如果提到"zhou wang he da ji"，你们会知道指的是什么吧？

有人知道是"纣王和妲己"，因为他们的知识库储存了这两个人名。

如果知识库里没有，就可能听成五花八门了，比如"周王和大鸡"。

如果是在书本上，好办，直接搜索。

用听的，听不准，就不好搜索。

有的人会去补充自己的知识库，有的人就会开骂："垃圾！不知所云！"

骂一天，知识也还是没长进。

我有时候听人讲话，听不准的就在手机备忘录里写下来，然后给人看，问："是这样写么？"如果不对，对方会给我纠正，然后，我就又涨了知识。

有一天我发的图是字母甜甜圈，有人一看就会意，有人以为我是自己刻的。

不是所有的道理，都需要自己去落地。

先看适用不适用。

我对造原子弹不感兴趣，我宁愿造牛油果奶昔。

就算有人告诉我造原子弹的原理，我没材料，也是枉然。

有人对我说了个道理，人生就是要享受美味，才不辜负。然后告诉我牛油果奶昔的做法，说牛油果多么有营养，多么好吃。

这就完了？

对，别人的义务已经完了。

道理和方法，我也知道了。

接下去是我自己的事：

1. 买搅拌机。

2. 买牛油果。

3. 买牛奶。

4.各种器具备齐，把牛油果剥皮，切成小块，放进搅拌杯，加牛奶，通电，然后搅拌，成为美味的奶昔。

5.清洗器具。

然后，我还把牛油果的果核洗净，用牙签穿好，放在水杯上，等它发芽（不过等了半个月也没发芽……就把果核扔了）。

从道理到落地，就是这样的。

和修下水管是差不多的。

有些人停留在"知道"这个层次，难道我能把刀架在他脖子上让他去做？那是犯法的啊！

再说，他做不做，是他的自由，可以提醒他，但不能强迫他。

对于乐于思考、愿意行动的人，世界上原没有那么多困难。

我是一个懒人，家里有各种营养品，然而经常忘了吃。有些因为是一大瓶，每次取用时觉得好麻烦，于是就忘。

绘小斑就知道怎么治我的懒症。

她买了30天的调理包给我，总共60小包，30天的量，每次吃一包。

还有坚果单独装，里面有扁桃仁、葡萄干、蓝莓干、蔓越莓、核桃等，也是每次吃一包。

放在手边，看到就想起来。而且因为这是小斑的心意，我不忍辜负，所以每天吃，不会忘。

一物降一物。

你不知道，不等于这个世界上不存在这样的方法。

知道了，图快，觉得别人告诉的方法太慢，这不是别人的错。

有次在行约见，有个优秀的家庭，一家三口一起来见我，他们对我讲了一个事例：

　　父亲出身行伍，典型的军人性格，行动力强，不抱怨。一家人外出旅行，丢了包，他二话不说去找回来。这种果敢，超乎常人，耳濡目染的，女儿也承袭下来。行动是最好的教育。

你只是看上去
很努力

近段时间我遇到好几个很努力的人，努力，但效果不大，他们非常苦恼。

我问他们都做了什么。

他们举了些例子，琳琅满目，比如：

订阅了十点读书。

参加了行动派的群和在线学习。

报了第九课堂。

参加了我的在线课程。

参加了古典老师新精英的线下课程。

通过在行约见行家。

买了不少书。

……

坦率地说，我一边听，一边心疼他们花的钱。

他们的确是那种非常舍得的人，舍得花钱，也舍得时间。

他们可能会写很多文章，发布在社交平台上，不过，看的人不多。

那么，为什么这么努力了，还是效果不好？

我这个人，是非常冷酷无情的，对诚意向我咨询，尤其是花了钱来咨询的人，我通常都用非常负责的态度去观察和分析。我给出的结论，往往也是粗暴的：

你只是看上去很努力。

你是爱好学习，但不是热爱学习。

爱好与热爱，有什么不同？

前者不过是形式，后者却会讲求结果。

换句话说，爱好，是过程导向的；热爱，是结果导向的。

热爱也不一定有结果，但是他们会非常快乐，他们会沉浸其中，这，也是结果。

还记得"叶公好龙"的故事吗？

爱好学习者，会做很多看上去和学习有关的事。这的确是行动，但行动得不够。

买了课程，不见得看。看了，不见得用。比如新精英的职业规划，学到了方法，就应该先帮自己规划，有时间和兴趣，还可以帮别人规划。规划的过程中，可能会发现还存在疑点，那么就去想办法攻克它。然后，就得以进步。

简单来说：

读书容易，写书评难。

旅行容易，写游记难。

交流容易，总结难。

参加培训容易，落实难。

写东西容易，修改难。

找借口容易，直面难。

为什么？这些容易的事，只是人在那里，是在参与，是完成了任务，但如果止步于此，习惯了容易，知识还是知识，只存在于外部，无法转化成技能，无法成为自己的一部分。

比如手心妞，参加了秋叶的个人品牌分享活动后，写出了一长篇文章。作为活动的组织者，她先对活动进行了复盘。作为参与者，又列出了秋叶的内容要点，同时给出自己的感受。我不清楚手心妞写那篇文章花了多久，但是，有这篇文章在那里，我就相信她是用心了。

比如我们的微信在线课程，@神奇De朱少锋是这样用的：

那时他大学还没毕业，买了课程后，反复看了六遍，然后写了一个 PPT《如何玩转高校微信运营》，并把其中的要点发在微博上。我们帮他转发后，引起别人注意，把朱少锋推荐到了 360 做微信运营。

进了 360 以后，他们策划了一个微信活动，增加了 33 万粉丝，朱少锋又做了一个总结《0 成本打造一个能让微信增粉 33W 的活动》，阅读量又不低。由于注重经验积累，他虽然工作时间短，但破格成为在行行家。

成败，不是论英雄的唯一指标，内心的快乐也是"成"，问题是，做了大量的"努力"但是没效果，会快乐吗？

我学摄影后，也认识了一些爱好摄影的人，他们设备往往很精良，各种镜头配备相当齐，尤其是打鸟用的大炮。不过有的人连换镜头都生硬，有的人根本搞不清楚复杂的参数，用的是全自动模式。他们可能也会起个大早、跋山涉水赶在日出前找好机位，然后等到频繁按下快门的一刹——好，快感在这里到头了，满足感已经得到了，至于拍的片子，似乎反而不重要了。不过，通常来说，他们又会特别在意别人的认可，所以被批评技术进步不大的时候，心里特别抓挠。

我其实很少说我是努力的，因为说是没用的，也许会起到激励作用，但更多是一种自我蒙骗。我偶尔会说句"我有多努力你们知道吗？"那是开玩笑。我的努力，都体现在一篇篇文章里、体现在我的摄影水平、视频制作水平缓慢提升里、体现在我的心态上。后一点，我自己能够深刻感知，又会通过文字、图像等被别人感知。我，不骗自己，也不骗人。

有几天，为了尽量全面地了解黄山市田家炳实验中学高三女生被下药事件，阅读大量资料，还要准备讲座课件等，每天近两点睡觉，累到不行。然而，假如不能连续写出几篇深度文章，如果那几条微博阅读量不能超过300万＋，这样的辛苦，值得说吗？

别说辛苦，别找理由，"请给我结果！"
确切的说法是，"请给自己结果！"
我问一个人有件事为什么没有做成，他列出了一堆理由。我只是说："请学会不找任何理由。没做到就是没做到。"
有些人，觉得自己已经很刻苦、很努力了，但限于客观条件，比如阅历不足，所以进步缓慢。其实，阅历也是可以通过学习来补足的，除了书籍和电影，知乎里就有大量活生生的故事，知乎大V童瑶诈骗和另一大V Negar Kordi及其所谓伊顿公学毕业的老公被扒皮的事例，至少也能增加三个阅历值啊！

优秀的人，总觉得是自己还不够努力，于是，他们会想尽办法达成所愿。

当然，愿意为学习付出时间和金钱，已经是不错的开头，他们所需要的，只是当头棒喝式的点醒。

有个女孩对我说，终于明白了自己的问题所在，会减少不必要的形式上的学习，专注于吸收和转化，会体现在行动上。

听后很欣慰，希望看到她的不断涌现的结果。

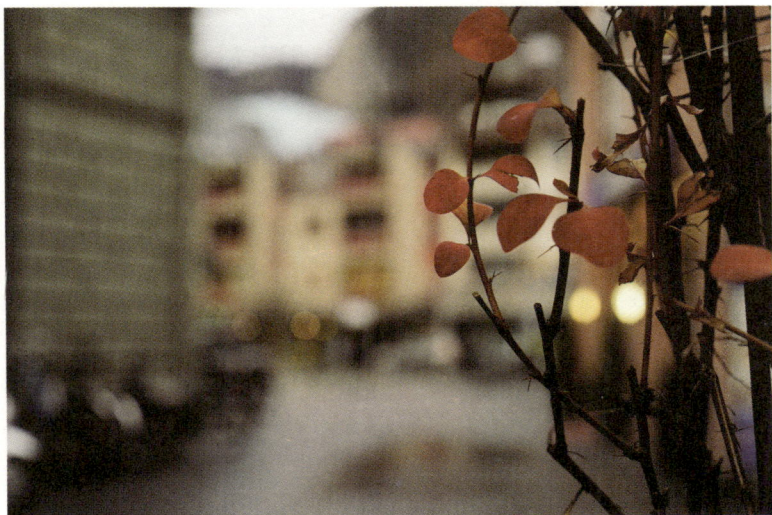

你的强大多一点，
焦虑和恐惧就会少一点

多一点真诚，少一点测试

有一天我莫名其妙被拉进一个微信群，删除退出。几天后才知道是谁拉我进群的。他说只是做一个测试。我对他说："你所做的事，会影响我对其他人的做法。"就是因为怕这样的打扰，所以不敢加别人的微信。

一直以来，经常会接到别人的测试，他们是群发消息，不见得是针对某个人，但是对别人形成的打扰，他们也并不在乎。

前天又收到一个"不要让拉黑你的人占用你的空间，您也试试吧，复制我的消息……"

那个名字很陌生，我不记得是谁了。于是我说：

"请允许我指出，这样做，是对别人很不信任的行为。可能你本来没有被别人删掉，但是很多人看到这样的消息，就有删掉这个人的冲动。麻烦你以后不要测试我，谢谢！"

对方回复，我才知道，原来是朋友公司以前的员工，曾经和他们公司的不少人一起吃过饭，她说很抱歉，原来这样做是没用的。我说，"并非没用，用处就在于让人删掉你。"

我从来不做这样的测试，我也不知道谁拉黑了我，事实上我也不关心，有那个测试的时间，我可以做其他有意义的事。

同一段时间，人可以选择不同的事来填充，当然，有些人自己认为的有意义，是对他人的打扰。

为什么要这样测试？

强大的人，不需要，因为并不需要所有人的认可作为证明，有些人就算不是天天联络也不会失去，有些人，沟通多了、了解多了反而产生裂痕。

不做浪费时间的事

昨天有人问我："修炼到'连心里也不做评判'是否必要？是不是达不到的目标？"

我说："评判，不管在内心还是表现出来，都是浪费时间的事。"

其实还是基于时间的考量。

我经常会收到各种评论，有些会回复，有些不回。我通常会先点击一下头像，看看过去的交流情况。对于有留言、有消息、有赞赏的人，和无留言、无消息、无赞赏的人，肯定不一样。一个从不赞赏的人，负面评论也就多些，这很容易想清楚：如果认可，通常也就赞赏了。

不认可，没关系，这是他的自由。

但我也不需要说服他、取悦他。

在他的角度，他说的是对的。

比如有人说我写的书不好、文章不好、照片不好，真的，这没错。大家的视角不一样，难以形成共振，这很正常。如果对方是有理有据的，那我正好学习。如果对方凭空冒出这么一句，而且以前也没什么交流，我看一眼就放过了，的确心里也不评判，因为没必要，也没时间。

很多人会有疑问了，说你经常说没时间没时间，你真的就这么忙？看你发微博和写文章的状态，你挺闲的啊，天天喝茶养花什么的。

对啊，我的时间都花在这上面了，哪有时间去计较那些不重要的事？

人的时间花在哪里，成效往往也就体现在哪里。

你生命中有很多重要的事，就不会被闲杂人等绊住。

他们闲，你也闲？

你的时间，是被这些人操纵的？

向优秀的人看齐

人向上走，当然比向下滑难得太多。

前者是逆势上行，后者是顺势下滑。

有些人自己不想努力，于是也希望别人不要努力，或者否定别人努力的成果，把那些费力的拼搏，曲解为靠背景、靠关系、靠天赋。

事实上呢？

也许他们没有拼了命努力过，但不代表别人也没拼命努力。

彭小六一个月讲了 22 场课，讲到吐血，别人只看到他月入过十万，有多少人看到背后付出的艰辛呢？我对小六讲故事的能力极之佩服，经常就把我们整个群代入到故事情境，而练就这样的能力，小六花了多长时间？

剽悍一只猫在简书写了八十多篇文章，才开始爆发。为了猫群和其他微课的分享，他非常劳累，然而他的文章里看不到诉苦和抱怨。别人只看到他获得了很多人的支持，却不知道他细心到有人结婚纪念日立刻发红包祝贺。"小猫是我见过最单纯善良的人！"作为看着猫长大的人，我完全有资格这么说。

Scalers 连续 900 天高质量原创，也有很多人非议，说他写得烂。对此，Scalers 非常坦然：如果你觉得烂，那就烂好了。他相信持续行动的力量，省了辩论的时间，以身践行，即使是在搬家的时候，也不影响群分享。别人说他的文章烂不烂，我根本不关心，反正我从中学习到很多，尤其是理工科思维。

以上，小六、小猫、小 S（我对他们的昵称）都显得太高大上了，身为吃货的我当然也关心美食方面的优秀自媒体。

沈怡以前是一个金融行业的娇娇女，妈妈的突然离开，让她和爸爸的世界一片黑暗，两个饭来张口衣来伸手的人毫无征兆地失去了依靠。刚刚领了结婚证的她，撑起两个家庭。先办了妈妈的丧事，三个月后又办了自己的喜事。两个月后辞了职，做起了家庭主妇。然后又创业，最早是淘宝女装店主，后来是淘宝美食店主，再后来做了私房菜，成了私房菜老板娘。2015 年 12 月又开了微店，2016 年 4 月开了公众号，美人佳肴用心分享。短短时间就积聚起大量粉丝，赞赏量有时单篇就达到七八百，微店美食月销售两三万。

不焦虑不恐惧的生活

朋友来我家，中间有个快递，我要去取，开门，没打开，加了一把力，门把手断了。一看，原来门从里面反锁了。朋友说是她反锁的，怕不安全。我晕。我先拧开锁下去取了快递，下午找人来修了锁。

我对朋友说，看吧，为了你的安全感，我付出了180块钱的代价。

看在她过来给我做饭吃的份儿上，我原谅她……

我后来思考，为什么我没反锁的习惯？

为什么我们两个人在屋子里，电梯需要刷卡才能上来，朋友还没有安全感？

我白天在家通常只关防盗门，这样通风好。

晚上临睡前，把内门关好，反锁。

2016年8月1日深夜，听到外面传来很大的噪音，我被吵醒了，想了想，披衣起来，到外面去查看噪音来源。路上有几个人在走动，看上去是在修路，我过去问是怎么回事，原来是白天怕影响交通，所以放在晚上。噪音是在焚烧啥。弄清楚了反正也没办法，发了两条微博、录了个视频就回去了。

后来有人让我注意安全，我明白。不过我也是先判断了周围环境才下楼的，并不是贸然行动。我的安全意识向来不错，以前根本都不会一个人到深圳关外去，城中村都少去。

我想自己的坦然应该就是因为对于事物规律和常识的把握，胆大心细，不盲动，另外对世界、对他人也没有过分的情感依赖，所以安全感充足。

这就是我要的强大。我花了很长的时间磨炼自我，终于达到的程度。

所以，别人拉黑我，无所谓。

别人取关我，还来告诉我一声，无所谓。

依据自己的时间主轴，笃定地明晰地做事情。月初有规划，中间有调控，月末有总结，一切井井有条，而不乏感性一面：

每天，冲一壶茶，调制好香薰，在茶香和淡淡精油香气里，开始一天的工作，紧张有序，也怡然自得。

2

用舒服
的方式
对待生活

一旦你认识到，
时间比钱更值钱，
你的很多观念和习惯，
都会刷新。

拼图

如果心碎了
不要怕
努力地拼完整
拥有
更坚韧的心

@萧秋水

你不能一直处于
生活的表层

桂阳

七月的最后几天，我在桂阳度过。

很多人听到"桂阳"，以为是"贵阳"，其实，是两个地方。一个在湖南，一个在贵州。

桂阳，我是第一次来。

出发前，也并没有太高的期望，就当作一次散心。

只是在深圳待久了，有段时间没出来，南方卫视潮流假期的楠楠劝我出来放放风，我被说动了，反正他们到的地方，不会让人失望，所以，就来了。

站在翠绿浅蓝的群岚之中，远远近近的风车缓缓旋转，风拂过竹叶，沙沙作响，天蓝得醉人，白云如同大团大团的棉花糖，让人错觉在高原之上，天空如同水洗过一样，我仰头凝视，泫然欲泣。

太美。

诗画一般的情景，超乎了我的想象。

我当然见过很多次风车，在海南，在汕头，然而，眼前无尽的翠色，绵延不绝的山脉，澄净的蓝天，大朵的白云，这样的一种组合，我没有见过。山风拂发，拂过裙裾，有一种既深切又淡然的幸福，从心底向外弥漫。

幸好我来了。

夕阳西下，最后的金光从云层边缘透出来，婆娑竹叶成了黑色的剪影，秀丽中又有庄严，落日熔金暮云合璧。站在巨大的风车下，看着它旋转，看着远处的云霞不断变幻，久久不愿离去。

终究还是要离去。

在车上，无意中向左一看，不禁"哇"一声叫出来，语无伦次地说："看右边看右边！"一想不对，又说，"看左边看左边！"坐在我身边的素走世界，也发出惊叹声。

夕阳沉落，晚霞满天，这样的火烧云，等闲也看不到一回。

楠楠嘲笑我们："你们都是见过世面的人好不好？"

是啊，我们见过很多次日落，在不同的地方见过无数晚霞，然而，还是会惊叹，还是会震动。

因为生活，对于我们来说，不是庸常。每一天，都充满着惊喜。

意外

每一天，都充满着惊喜，可能还有意外。

就在前天，看着晚霞回城的路上，突然间车子剧烈地晃动一下。司机一个急转，和一个疾驰而来的摩托客擦身而过，车子被刮擦了一下。摩托客幸在没事，气势汹汹地赶上来要理论。司机幸亏是技术好，也幸亏前方没有车子驶来，否则不堪设想。那个人看上去也不像是碰瓷或酒驾，倒也没闹起来，可能摩托客觉得不占理，我们人多，所以原本想闹事的也不敢了。

路上，我们都觉得后怕。司机叹气说，要真是前边有车，他不能拿我们的生命冒险，那也只能开过去了。

毕竟我们是人，就算是对方不守规则，我们也没办法，估计真出了事，还是会受罚——当然谁也不想出事。

旅行在外，是这样的，不可能总是一帆风顺。

昨天下午，我的手机掉进了水里。

当时我正在山涧水里行走。赤日炎炎，虽然头顶有树木遮阴，但也还是很晒，走在水中，清凉的水漫过足背，感觉非常舒适。然而此时，放在裤袋里的手机滑落水里，虽然我立刻反应过来，从水中捞起，但手机也湿了。

根据漫步天下的建议，手机关机，擦干水，放在衣袋里自然干。这回可不敢放在裤袋里了，而是放在了摄影马甲的衣袋里，拉上拉链。后来，开机看了一下，正常，不过又发现，声音失灵了。于是关机，又过了良久才打开，这回声音复原了。

如果害怕，那就不必走出家门，既然出来，也就做好了很多思想准备。

不恐惧，不慌张，事情发生了，就处理事情。也许，有些惊悸要到很久以后才消除，然而终究不能怕，得面对。

穿过重重意外，我们得以成长。

有时候，我们之所以缺少安全感，之所以忧心忡忡，只是因为，我们对生活缺少掌控力，对于眼前发生的一切，我们既无预防，也不懂得在发生时的应对。

设计

因为有胆气，也就能够设计自己的生活，让一切沿着规划发展。

在桂阳的几天里，除了旅行，也确定了几个合作。玩的同时，赚钱也没耽误。

写书的任务进展得不是多好，不过，回家后就会收心，抓紧进行。

出门，本来也是学习和成长。

在桂阳，吃了当地名产坛子肉，吃了酸萝卜烧鱼、白辣椒，这都是以前从未吃过的味道。桂阳血鸭也很出名，不过和以前吃过的血鸭差不多。后面的几餐，我们以素为主，大家吃得很开心，有机农庄的青菜特别鲜甜。

在欧阳海大坝，我们获准进入大坝内部参观，这才知道大坝的运行原理，长了很多知识。

在荷叶镇，我们站在巨大的红豆杉下，惊奇地看着雨丝飘落。外面并没有下雨，只有树下，有银丝般的雨洒落，我们不清楚原理，乡民们也说不清楚。我从桂阳回来后，专门查了资料。据说是由于红豆杉纹理细密，在雨天蓄积大量的水分，当天气转晴时，随着外界空气湿度减小，它就向空气中源源不断释放水分，于是就有了晴天下雨的现象。

红豆杉树形优美，树皮有珍贵价值，被称为植物中的大熊猫，非常珍稀，而荷叶镇有一万多株红豆杉，其中历史最悠久的有960年历史。

为了保护这些树木，当地设立了专门的保护单位，配备了警力。

我问一位工作人员，在这里工作的感受如何？他说，我们到的当天，刚刚通了高压电，此前，这里是用小水电发电，不能上网，和外界的沟通非常少。那是位年轻人，我想问他的生活是否枯燥，一想，还是不要问的好。

山里山外，是两个世界。

山中岁月，仿佛静止。

阳山古村，庙下古村，人们彼此认识，或者一起闲话，或者聚在一起打牌，自得其乐。

在雷氏大宅，我们看到两位老人，老爷爷 78 岁，老奶奶 80 岁，有两个儿子一个女儿，都在外地工作，他们自己生活在祖宅里。不是子女不孝顺，是他们习惯了这样的生活方式，乡里乡亲的在一起，熟悉亲切，到了城里，反而不适应。

宁静的村落，荷花静静开放。

我们不过是一程过客，并走不进他们的生活，然而这不是问题，问题是，我们有没有走进自己的生活？

我们是不是，一直浮在生活的表层？

沉潜

如果只是生活的旁观者而非参与者，那么我们就了无所得。

生活，是他人安排和驱使，无关我们自己内心深处热切的渴望，也许有，然而被压制住了，于是，就随波逐流，把日子过得庸常，觉得也不是自己的责任。

"家里人希望我这样。"

介绍某种新事物，他们是拒绝的，"我爸妈习惯了这样……"

他们没有考虑过，时代变了。

对于生活，我是一个沉潜的人，不断地下沉、下沉。

就好像我们在桂阳宝山，沿着矿洞，进入地心。

一路上，会经过黑暗的隧道，然后，到达有光的所在，然后，又穿越黑暗。

在弃置的矿洞里，空气稀薄，阴冷潮湿，而这，是很多工人的日常工作之地。

我们的光明、水、食物……是很多人工作才能提供，不是凭空而生，有些人以为，有钱就可以买，也是错觉，如果不珍惜，会有一天，有钱也买不到。

我珍惜眼前的一山一水。

在辉山，喝完了一罐王老吉，我用山泉水，把罐子洗净，放进马甲后面的袋子，直到出了山，才扔进垃圾筒。

我不可以把任何垃圾留在山里。

就仿佛我只愿意为生活添加美好，而尽量少些破坏。

因为我们的角色，本来就应该是创造者，而非破坏者。

我们在辉山跋涉，经过一处水域时，有人在烧烤，烟气蒸腾。我问乡长，这里可以烧烤吗？他无奈地说，是不允许的，然而总有人不听。那些人看上去是几家人一起来的，有大人有小孩，地上有烧黑的痕迹。

他们可能觉得，自己很会享受生活。

然而享受，不应该是基于对规则的破坏。

如果我们满足于生活的表层，无疑可以多些快乐，无知无识的快乐。

往下探究的过程中，因为思考、因为探究，往往会引发很多痛苦。

可是即使如此，我还是愿意往下沉潜。

能够盛纳多少痛苦，也就能够体会多少幸福。

这样的幸福感，不是浮于生活表层的人所能体会的。

归途中又见晚霞，还是惊呼，这样的感觉，不会磨钝，新鲜如初。

活在世上，
我们就要不断打造爱的能力

愿我能，给予你温暖

和女孩临别时，给她深深的拥抱，希望是一种慰藉。

她此前约见我，我拒绝了，因为没时间。

她又在公号里商量时间，我想了想，同意了。被拒绝了而她还想要约见，表明是有急迫的需求。

周末的两天，我在广州参加李海峰老师的 DISC 双证班培训，除了精彩内容和悉心组织，还有小川叔、小六、慧敏、颜敏、秦阳、大眼睛、有乐、周小猫、围棋、老显等很多人都过来，还有一位在行学员专程来参加培训也希望一并约见，所以接连两晚都是睡得很晚，周日晚又要结营，我是在火车上赶好分享稿的。如此高密度的日程，我知道在 10 月 31 日约见对我来说意味着什么。

午饭顾不上好好吃，为了下午的好精神，中午外出洗头，在洗头的时候打开手机，反复看在行描述，思考女孩的问题。

约见过程中，她述及家中的事情时，几度落泪。

我很心疼。

有很多人在我面前落过泪，我懂得他们的苦楚，所以我也更加不敢松懈，希望培养更大的能力，来帮助他们。

帮助，并不是支持他们的想法。女孩充满信心地向我描述她所希望做的事，而我劝她终止，告诉她，她想得可能简单，我不希望她走弯路。

她是可爱的、涉世未深的女孩子，她爱自己的家人，爱男友，把男友照顾得无微不至，不过，我告诉她，她首先应该学会独立。

爱，是一种能力

说爱，是可以很轻易的。

女孩子的梦想，我完全也可以说："没问题啊，你去做吧！我支持你！"

这种精神上的支持，不是没用，起码可以提振信心，然而，并不能起实质作用。

当她遇到实际困难，不容易解决、几近崩溃的时候，这样的鼓励是苍白的。甚至，恰恰在当初，就是这样的鼓励让她走上不该走的路，而她原本可以采取另外的路径。

我不尚空言，不喜欢说漂亮话，我只想多拿出行动来。

当我的朋友想去学习，我帮她支付一笔学费，不是她付不起，是我以此表达我的心意，让她在学习的时候，感念到我和她一起。

2003 年我家里遇到变故，父亲想再买一栋房子换换风水（我对此无感，然而我尊重父亲的决定），我立刻拿出 18 万付房款。

当我的外甥女们上学出门时老是忘这忘那，我给她们讲检查清单，记下出门要带的东西，改正她们的习惯。

当朋友觉得自己健康有问题，我们督促他去体检，秋叶大叔付体检费，体检出来没问题，我们成立监督群，帮助他调整作息。

对于缺少勇气的人，我会鼓励他们大胆一点，"去做吧，你可以！"

对于置身危险边缘的人，我会阻止。虽然阻止可能会让他们不高兴，但，这是我的责任，我不能保证建议是正确的，但都是经过再三思考，甚至搜索阅读很多资料才给出的。

我也相信，在一段时间之后，人们终会懂得我的心意。

以前有位女孩，告诉我母亲老是为她担心，我询问之下了解到，女孩子经常和母亲通电话，工作生活中遇到的各种快乐和悲伤都告诉母亲，那些悲伤，让母亲悬念不已。我建议她，采取"报喜不报忧"的方式，只说快乐的事，而悲伤，自己慢慢消化，或者和身边的朋友们倾诉。

我们已经长大，应该学会照顾家人，以爱心以金钱以行动，而不是让家人为我们分担。

如何培养爱的能力

我一直很喜欢弗洛姆《爱的艺术》一书。

当然，爱的书籍，不止这一部。

人类历史上，贯穿始终的，就是"爱、和平、自由"。

我读书、看电影、与人们交流，并且在自己给予和接受爱的过程中，训练自我。

爱不需要精心称量，付出一分、收回一分，去爱，哪怕受伤。不害怕伤痕，不回避痛苦。

爱需要语言，我也会经常对人说"我爱你"。爱更需要行动，我希望好友们需要我的时候，我不是只能空白安慰，而是在他们冷的时候，送上拥抱和衣物。

我所传递的知识，也是一份爱。有些人不接受，甚至恶言相加，我无所谓，因为付出时就该想到被拒绝被误解的可能。

我们为何不断学习？因为我们所会的一切技能，都可以用来表现爱。或者说，都是爱的支撑。做一餐饭，打一份工，赚取一份薪资，打理家务，共同建设爱或家庭，照顾老人和孩子，维系友情，回馈社会……这是一个巨大的能量环。

我母亲生日的时候，前夫曾经用 flash 为她制作了一份贺卡，母亲非常惊喜。姐夫车祸身故，前夫带着两个外甥女一起玩，细心地煮熟鲜枣，一一剥皮，浇上蜜汁，给她们吃。我看在眼里，感动在心里。感情可以仳离，然而不必因此扭曲人性。他给予我的爱的能力，是一生瑰宝。我从不曾因为我们的婚姻变故，就怀疑爱情和婚姻。然而的确，今时今日的我，活在大爱里，并不拘泥于男女情爱。

晨起浇花，沏茶，看着植物们蓬勃地生长，体会着自内心深处涌泉一般的爱，我想，我是幸福的，而我也想，把这样的幸福，传递给你们。

愿我能给予你温暖，也感谢你们，一直给予我温暖，和美好。

到底是什么阻碍了
我们的生活成为想要的样子

知识，是找，还是等？

在公众号发布了《阳台用来晒衣服？那其实是种浪费！》一文后，不少人留言表示很开眼界、非常喜欢，也有很多留言和消息让我感觉诧异又惆怅。

很多人并没有看到结尾，就急着发问：

"衣服要晒到哪里？"

"外国人怎么晒衣服？"

"外国人晒被子怎么办？"

还有人在消息里骂我崇洋媚外，然后告诉我："取关！"

长年在网上混，早就明白有些嫌疑一定要避开，所以我在文章里只说了烘干机，没有说牌子，否则肯定会被认为是烘干机广告。

关于读不到结尾就急着发问，我并不诧异，Scalers 在他发布文章《抱歉，老师讲得好不好，不是你们学生能评判得了的》后指出："快枪手有点多，内存很快溢出，没看明白就开始喷了……这就是平时没有练习过专注听老师讲课，缺乏长线思考训练，造成的弊病。"

长线思考训练，其实也是很影响生活品质的事情。

我诧异的是：多读一下、思考一下、搜索一下，就可以找到答案，这么简单，人们都不愿意去做，却还在希望提高生活品质。

我的惆怅，就在于我突然间发现有很多端着盘子等知识的人。

虽然知识本来已经很现成了。

但放在桌子上还不够，有些人需要有人给盛到盘子里，最好，给喂到嘴里。

其实，那些疑问：

衣服用烘干机和日晒到底哪个好？

外国人怎么晒被子？

只要搜索一下，不需要出国，就可以知道答案。

如果愿意带着这样的问题出国看看，会有更大的收获。毕竟，旅行的意义，不只是风景。

求知欲强的人，看到这样的问题会很兴奋，因为发现了一个新的知识点，然后就去想方设法地知道。

懒惰的人，抛出一个提问，有没有回答，并不会真的关心。回答，反而可能是浪费了时间。

至于有不同观点的人，那就不同好了，也没必要去普及知识。毕竟，人所能够影响的范围，也是有限的。

我的改变，因何发生？

今天古典老师来家喝茶，对烘干机也很感兴趣，给他看了一下，他觉得有用又好玩，说回去也要弄一个。对我的阳台，他也特别喜欢，说没想到深圳还有这样的地方。阳台右边就是山，我在山的这边，他住山的那边，如果翻山越岭过去，大概四五个小时的样子，当然山下走的话，车程很近，半小时左右。

我自己以前也是在阳台上晒衣服，促成我习惯改变的，就是阳台的差异。

以前的阳台，是在小区内，不靠主路。

现在的阳台，下面就是通向山的主路，突然间我就觉得，晒衣服是多么不合时宜。

不过这是我个人习惯的改变，并不意味着：我希望所有人都改变。

周围的楼盘，阳台上普遍晒满衣服，不过我的焦点，是山和整体的美景。衣服们，被我忽略了。

我写文章的意图，在于"告知"更多的可能性：阳台可以这样用，也可以那样用。每个人可以按照自己的需要来设计和使用，并不是写篇文章就是一种强迫。

至于我在题目中说的浪费，这是一笔明眼人一看就懂的经济账：

一线城市，房子均价是多少钱一平方米？

用来晒衣服，会占用多少空间？

有些人说，外国人有院子，可以在院子里晒衣服。对这样的说法，我也不好评价什么，争执对与错，并无意义。

有人说："阳台上放电脑，白天屏幕只能看见自己。"

我就奇怪："谁规定了只要阳台上放电脑，一天内就不能离开半步？"

阳台，有四种朝向的可能性，不同的朝向，会有不同的影响，再结合不同的城市、不同的习惯，就会有无数种变化。

我的阳台是朝西的，也就是俗称的"西晒"，我是那种不怕热的人，即使在深圳，夏天都不用空调和电扇，所以这样的西晒，对我来说影响不大。

只要我不邀请客人来，也就不需要考虑对他人的影响。

记得有人给我建议，说你这里应该如何、那里应该如何，其实，他考虑的是自己的居住习惯，并不是我的，他并没觉得这种思维存在什么问题。我因为明白自己的情况，所以别人的建议，有的会听，有的不会。

"自我中心"的思维，说起来也并没什么不好，毕竟每个人都是先考虑自己，不过，如果跳不出来这种思维，可能对成长还是会有妨碍的。

更新观念，还是固守传统？

朋友在装修豪宅，我问她："你准备采购洗碗机吗？"

朋友说："买了，洗碗机、烤箱、蒸箱、垃圾处理器、直饮水入户、热水器带循环水（冬天直接出热水）。"

我说："太棒了！以后我去拍照片。"

对，我没有，我朋友有，我就可以作为了解的途径。

我之所以问她，是因为我研究了一下洗碗机，我家地方小，我还没考虑要不要、要哪种。

我相信科技的力量，也不害怕做小白鼠，大不了就是掏学费嘛。事前经过调研、懂得正确用法，又会不断改进，我并不觉得会损失到哪里去。

虽然我个人不觉得洗碗很费事，但还是宁愿把洗碗的时间用来做更多有意义的事情。

"一旦你认识到，时间比钱更值钱，你的很多观念和习惯，都会刷新。"

这是我早就悟出的道理。

有人说，那是因为你的时间值钱，有些人就是吃喝玩乐，时间本来就不值钱。

没关系，各有各的自由。

现代社会的好处，就是不需要所有人千篇一律的活法，而是，八仙过海，各显神通，想把生活过成什么样，就可以过成什么样。

自己的生活，有些规则是可以制定的，比如我买餐具，就不爱买整套，同样的盘、碗、碟通常只买一两个，这样显得琳琅满目，拍照片也可以多些素材嘛。

如此，生活就过成了游戏。

至于说，被招待的人会不会不喜欢？

这个我不想多考虑。

不喜欢就不要来，就这么简单。

生活是多么好玩，各种精彩纷呈，每天都可以有新的变化，每天都可以创造惊喜，不管是宅居还是外出。

我是一个平凡的人，如果说我获得了自己想要的生活，那不过是因为：

1. 我愿意努力；
2. 我愿意尝试。

另外，我也乐意分享，因为我相信，始终会有很多人，希望不断地刷新自己的认识，愿意探索美，愿意让自己的生活更美好。我也相信，如果人人都有这样的追求，并且愿意付诸努力，世界真的会变成美好的人间。

女人 25 岁后
应该明白的这些事

工作、生活与爱好的平衡

培养自己的爱好和擅长的技能，做好工作、生活与爱好的平衡。

工作可以安身，爱情可以立命，兴趣爱好让人生活丰富、品质超凡，可以构建出强大的精神家园。这个世界上，可以信赖他人但不要依赖。这不是安全感的问题，唯有独立（经济独立、生活独立、精神独立）的人才懂得制造快乐、拥有自内而外的幸福。唯有自己快乐的人，才会带给他人快乐，才会懂得照顾自己，也兼济他人。

一个人过不好，两个人也不一定。拥有一个人就能过好的能力，两个人或更多人的相处，也会少些压力。

前几天和一对夫妻交流，他们有两个可爱的孩子，为了孩子的教育，本来是要准备移民澳洲，也去澳洲考察了几次，最终还是犹豫、放弃。

他们说，在那样地广人稀的地方，想和邻居交流一下都要开车，他们都是除了工作没有多少爱好的人，如果移了民，可能会觉得百无聊赖，所以放弃了这个打算。不过他们现在也在培养爱好，也许在未来时机成熟的时候，能够享受孤独自得其乐。

我想，不管移民与否，其实爱好都该培养。现在有很多工作都可以通过网络进行，人真的未必一定要居留在生活压力巨大的大城市。

我欣赏俄罗斯电影《他是龙》，因为那固然是童话一般的虚幻，然而其中透露出的精神，值得我们学习：

女主的坚韧不拔、应付生活的能力、爱的感召和勇敢面对、两个人携手把荒岛建设成美丽家园的共同努力。

那和移民到陌生的国度难道不是很类似吗？

当地球已是地球村的今天，陌生原本应该被不断打破。

慎重选择婚恋对象

前几天和一位还没恋爱的女孩说如何选择男友，告诉她，凡是有暴力倾向、吸毒、赌博、酗酒这些习惯的人，一概要远离，妈宝也不要，因为以后会有很多麻烦。

女性天生自带母性，容忍度高，但是请记住，你的包容和宽宏，有可能带来更多的伤害，有些人，不是你能够拯救的，爱，也不能感化所有人，远离渣男，保护自己。

此前，媒体报道："2014 年 9 月，21 岁的女子林莺莺摔倒跌伤头部，经过两次开颅手术，她终于保住了性命，但是却成了'植物人'。在医院 100 多天的治疗中，24 岁男友刘凤和不离不弃，为了救治女友，小伙子东凑西借到目前 20 多万元已经花光，他已经倾尽所有家财。'有女友这个人我就认，我要照顾她一辈子，哪怕是用轮椅推着她我也会感觉幸福。'"

然而女孩奇迹般苏醒后，回到家人身边，才道出真相：原来，正是这位男友下狠手把她打成重伤！而在她苏醒后，男友人前照顾，人后却威胁她："如果说出实情，就杀你全家！"出于恐惧，女孩选择了沉默，直到确认安全了，才在家人鼓励下说出实情。而这时，刘凤和却已失踪。

在重大伤害发生前，其实刘凤和已经有家暴前科，但是善良的女孩选择了原谅，却使自己受到了更大的伤害。

保持适当的距离

成年后尤其是工作后，和家庭保持一定距离。

是的，你没看错，是要保持一定距离。

爱父母家人，但不要被操纵。不啃老，用自己的能力赚钱，坚定自我的信念，明白想要的生活。可以咨询父母的意见，但不接受不符合自己目标和三观的指点。对婆家也是如此。

保持距离，并不等于冷漠和强硬，也不意味着彼此的亲密关系出现问题。态度温和、有礼而坚定，对父母适度撒娇，获得他们的认可，但按自己的意愿生活。脱离开父母的怀抱，才能拥有更广阔的天空。

和爱人之间也是。如果爱人不喜欢逛街，不要勉强，一如爱人喜欢看球，不用勉强相陪。各有自己的喜好，分开去做。也有共同的喜好，一起去做，共同交流。

同样的道理，未来，当孩子长大，也要适时保持距离，各自拥有自己的生活，不将触角伸到另一个家庭，不以爱的名义代办或绑架。

每个人都是独立的生命，你父母是，你是，你的孩子也是。

纪伯伦说：

"——彼此相爱，却不要使爱成为枷锁；

不如让它像在你俩灵魂之岸间流动的海水。

站立在一起但不要彼此太靠近：

因为庙宇的柱子分开蠹立，

橡树和丝杉也不能在彼此的阴影中生长。"

其实不只是适用于婚姻。

重视沟通的艺术

沟通，是一生修习的艺术。

有些人与父母之间产生矛盾，固然有些事是无法沟通的，那就远远避开，留给时间弥合，而有些情况，还是可以沟通的。

父母有自己走过的道路，可能无法理解，但不需要排斥。

沟通中，报喜不报忧，不让父母为自己担心。赚了钱，为父母买些礼物，他们在意的不是东西，而是心意。

前不久一位朋友力荐我去斯里兰卡，她在那度过美好的时光，而一应线路、酒店等安排，都是她女儿通过网络预订。还有一位朋友夫妇，在为两边的父母买房时，精心安排，距离非常接近，但也不是隔邻。有一年，他们带着两边的父母一起去泰国，三个家庭，皆大欢喜。

不想父母逼婚？可以啊，用好吃的堵住他们的嘴，用好玩的迈动他们的腿，鼓励他们发展自己的爱好，让他们忙起来，世界大起来。

和男友、丈夫之间，也需要沟通。有些姑娘总希望对方主动来揣测自己的心意，这样的猜心游戏并不好。

一位朋友告诉我，她和男友刚相处之初度过了最甜蜜的时光，之后开始发生各种摩擦，比如男友没有时间概念，经常晚归，她气得要命，两个人经常吵架。

我也不好劝她，就推荐她到在行上咨询小获老师。她后来告诉我，两个人的情况有所改善，因为小获老师告诉她，两个人之间，一要开诚布公，二要就事论事。她觉得这两条都非常重要，所以就直接和男友讲清楚自己的感受，而且不翻旧账。男友明白了她的想法，也做出了解释，和一些行动上的纠正。两个人正在摸索自己的相处之道，感情不仅融洽，而且增进很多。

沟通，往往是基于需要，往往是在感觉到不满、愤怒的时候。此时往往会有情绪，所以注意，口吻不要含有挖苦、讽刺、指责，而要采取理性、克制的态度。要冷静，要清楚和明确地描述自己为什么不开心，然后一起寻找解决方案。

对比以下两种方式：

A．"你傻啊你！你当着我那么多朋友的面挖苦我，你还算男人吗？你是我男朋友吗你？上次在XX那儿聚会的时候你也是这样！你脑子被猪吃了？我简直是瞎了眼才找你这样的人！"

B．"今天和朋友聚会的时候，你有些话说得好像在贬低我，让我心里不怎么舒服。咱们自己有事好沟通，不过在外人面前，是不是应该互相尊重？有些话最好不要当着别人说，对不对？"

方式A，是很多人在恋爱期常犯的毛病，粗口、咄咄逼人、人身攻击，不仅不能解决问题，还能燃起更猛烈的战火。

方式B，明确表达了自己的不满情绪，说出了原因，就事论事，不上升到对人的层面，也不翻旧账。语气平缓，态度诚恳，对方也就容易接受。

有孩子以后，和孩子之间也要注意沟通，而不是用父母的权威压制孩子，更不要打骂，不要盲从所谓的"狼爸"和"虎妈"。看看陈乔恩在《旋风孝子》中和她妈妈的沟通就会明白：一个孩子要费多大的努力，才能渐渐脱离打骂的阴影。并不是每个孩子都能像陈乔恩那样，找到自己的疗愈之路。

母亲要让孩子信赖，能够和孩子谈论各种话题。黄山市田家炳实验中学高三女生被下药事件中，女生把事情告诉父母以后，父母立刻报警，这样的父母是明智的。而如果女生平常和父母交流不多，遇事不敢告诉父母，那么，可能会酿成更大悲剧。

从另一面来看，三位涉事男生的父母也是失职的。孩子在学校的所作所为，他们可能根本不知道。关心孩子的父母，不应如此。

保护自己的孩子，在他们未成年的时候成为他们的安全避风港；在他们成年以后，放飞他们，成为他们温暖有力的后盾。

永远不放弃学习

永远不能放弃学习，不断提升生活品位和生命品质。

我们面临着人类历史上巨变的时代。从未有一个时代像现在这样，在观念、工作方式和生活方式上，都发生着这样大的转变。唯有不断学习，才能有更大的把握应对变化。世事也许会让我们感觉灰心，甚至绝望，但这不是放弃的理由。

学习不要局限于自我成长类的技能和技巧，比如时间管理、读书、理财等，最好放大点儿格局，学习一下历史、文学、艺术，具备一定的科学素养。

这里所说的历史，不是中学历史课本上的内容，而是站在世界史的角度去学习。这里说的文学，也不是网络文学，而是经典文学。这里说的艺术，也不是韩剧和流行歌曲，而是古典音乐、世界绘画流派和经典作品等。

一言以蔽之，提升自己的审美能力，而且不是浮泛，是深入，是能够"知其然"，也能够"知其所以然"。

具备了学习的渴望和能力，就会愿意深入钻研。比如学习国学，会不畏艰难去啃几十卷经史子集。 比如给孩子安排学习表的时候，不是一味交给兴趣班，而是和孩子共同学习、讨论。

具备了一定的文化基础和科学素养，也就能够分辨得出邪教、伪科学、精神传销，也就不会被各种怪论所迷惑。一时迷恋宋仲基没有关系，甚至一部韩剧换一个"老公"也没关系，但能够分得清娱乐和现实的分野，不迷醉于幻梦。

追求成为优秀的女性，智慧地应对一切，以及所有的生命阶段——单身、恋爱、婚姻、生育、老去。

祝福每一位女性，都能够在岁月里倾情绽放如花！你们的美好，也会惠泽身边的人，从而让整个世界美好！

要学好好说话，
先学会不说话

沉默是金

有人告诉我一个故事：

她看到我对一些人说"你说的都对"，和同事聊天的时候提到这个说法，同事可能觉得挺不错，于是和领导也这么说，结果悲催了。同事就怪她。

她把这个故事讲给我听，不是要把责任推给我，而是因为她觉得我属于艺术家类型，不会无缘无故不听别人的话，当我用到这句话时一定是有自己的道理，而她那个同事不应该不分场合、不分人地用。

她是对的。

说话，必须看语境。

"你说的都对。"也是一种认同，意思是，"站在对方的角度上，的确是对的，只不过这个角度，可能并没考虑其他人。"

息事宁人。

当今社会，戾气太重，一言不合，也许会出大麻烦。

说一句客气的话，终止纷争，比争吵好。

有句话说：对人说人话，对鬼说鬼话。

这话原本有讽刺的意思，但论到说话的艺术，应该如此。

对人说鬼话，对鬼说人话，都会乱了套，人鬼都不吃这一套。

现在流行说，少点套路，多点真诚。

这话，局部正确。

因为，真诚不见得是好事。

很多人是以真诚为名，行伤害之实。

有一天我发了条负能量的微博：

"我这人说话直……"

"那就别说了。"

基本上，一听"说话直"，一听"我是为你好"，就知道后面多半是不中听的话。把"说话直"放在前头，似乎就免责了，完全不管别人听着难受。

其实有些人就是喜欢说话，不吐不快，尤其是给别人提意见。

满足自己的倾吐欲固然重要，可你有没有照顾别人的感受呢？你所看不惯的，难道就一定是别人的缺点？世界是多样化的，每个人都是不同的，别人不合乎自己的标准，就都是错了？

其实，有些话，真的可以不说。有句老话，"不说话没人当你是哑巴"。

有时候，有人说要告诉我一个秘密，先让我保密。

我就会说："我不听我不听，你千万不要告诉我，省得将来还要费力杀我灭口。"

通常来说，这样的秘密肯定不是只告诉我一人。我口严，但是别人不一定，只要秘密泄露了，我就平白无故地沾了嫌疑，那又何苦？

沉默是金，守口如瓶，是种美德。

有些人害怕自己不说话就显得不会说话，于是就多说，结果却成了乱说，比不说还麻烦。

少操点心

有人觉得，我是关心你我才说呢，换了别人我根本都不理。

问题在于，别人不见得领受这份好意。

布置屋子，屋主喜欢灰色调，有人觉得不好看，建议换成喜气的颜色。

屋主哑然，建议的人不依不饶："这样风水好！"

问题是，房子是谁住的呢？难道自家住的房子，还要按别人的喜好来布置？

人家屋主就是喜欢冷色调啊！

如果不愿意赞美，至少可以不说。

说了，别人也有不听、不照做的权利。

吐槽，固然是种功力，然而通常来说，用于别人的生活并不适宜，用在书评、影评上倒是比较合适，但又没见热衷吐槽的人写出多少重磅书评、影评来。

有时候别人对我说，是拿我当朋友才这么说。

我的内心是崩溃的，内心独白是这样的：

"求你了，千万别拿我当朋友。"

其实大家本来不熟，有些话没有熟到需要说的地步，轻易一句"我是拿你当朋友"就把界限给逾越了。这样的锅，"朋友"不背。

习惯于对别人生活指手画脚的"朋友"，还是少点儿为妙。

只要人人都少操一点心，世界将变成美好的人间。

心，操给自己，不见得就是自私。

一个人把自己打理好了，每天神清气爽、言行得体，这对世界，已经是种建设。

能把自己打理得很好的人，其实也会懂得各种界限，不会轻易跨过安全距离。

自己还挣扎在生存线上，却操着各种心，不见得能有好效果，也有可能是给别人添乱。

至于"皇帝不急太监急"式的操心法，更是少点儿为妙。

当事人还没表示不满呢，或者说，根本不清楚当事人什么看法，有些侠义之士跳出来一顿道德大棒：

"你私下帮人家征婚，是不是越界了？"——问题是，我不是私下，是问过人家女孩子的。

"别人拿你当朋友才对你那么说，你看看你那态度！"——问题是，人家"别人"不见得是这么想的。再说了，每个人对朋友的定义不一样，自己觉得很"朋友"的做法，别人不见得能接受。

不说更好

朋友叉小包说："学会好好说话的第一步，往往是学会什么时候应该不说。"

别人要了解一个人，给一个人打印象分，往往是从这个人说的话开始。

一个经常冲动地说话、口不择言的人，希望树立端庄稳重的形象，那是妄求。

在我之前一篇文章里，因为我提到一位读者给我的意见，另一位读者跳出来痛斥我一番，还说自己很客观。

那位读者，我有加备注，表明不想多交流，不过我忘了是为什么，因为公号后台超过 5 天以上的消息记录就不再保存了。

我回复说：你说这样的话我完全不奇怪，虽然忘了以前我们交流过什么，但应该是不友善的。

对方很生气，说以前问过我分答的问题，没想到我这么小气。

这个线索，让我想起来是怎么回事了。

她在后台提了个问题，我回答了。

她又问怎么用分答赚钱。

我有点儿奇怪，说我以为你不知道分答所以才回答了你前一个问题，为什么知道分答，还要在这里问呢？

她说分答一个提问是 28 块钱，是她一天还是两天的饭费。

我就没再说什么了，明白是遇上了精致的利己主义者。

她责备我一番后，愤而取关。

我自己有时候说话比较刻薄，不过这种情况下我不会奢望获得好的印象分，属于为自己的冲动付出代价。

人世艰辛，大家活得都不容易，所以我通常都很包容。

我只是特别鄙夷一种人：在自己微博里各种美好，到别人微博下评论时各种刻薄。我因此也不太相信那些精心打造的表面形象。

我相信一件事：一个人如果在日常生活中不能表现出对他人的善意，在灾难来临时恐怕也不会突然迸发出人性的光辉。我乐于在日常生活中磨炼自己，让善心植根，而不愿意自己充满了戾气，刻薄、无情。

善意，也不是刻意表现出来，而是自然流露。它让别人愉悦，也让自己安心。

有个故事，说有个人遇到同事的儿子和其女友，一句话夸了四个人："你儿子跟他爸爸一样眼光好，会挑人。"

这句话真赞。

会说话的人，其实表现出的是对世界的善意，以及巧妙适宜的呈现艺术。

弄不清楚该不该说话、怎么说话的时候，不说也许更好。

以前，好友离婚，她略略说了事情的由来，我也不多问。陪着她吃饭、走路，两个人慢慢地走了半个城。

那样的时刻，我以为，陪伴，比劝说要好。

我以为，这才是朋友。

多年以后，我们回想起生命中共同的重要片断，我记得初中时她用单车带着我去邹城峄山附近（那可是很远很远的路啊），她记得我陪伴她走过半座城。

　　有些人，喜欢口吐恶言，是出于发泄情绪的必要，我能够理解他们的苦闷，然而，在这个繁忙的世界，没有人有义务充当他人的情绪垃圾筒。

　　有些人，是纯粹不知道怎么说话。在练习好说话的艺术前，也许微笑的沉默，是更好的反应。笑，是世界的通用语言。自然，也还是要看场合的，面对别人的悲伤时，不笑，也是礼仪。

　　我们的确不需要取悦别人，但也不需要随时张开全身的刺，有意无意地刺伤别人。

　　话，要好好说。

　　事，要好好做。

　　于是，生活平安喜乐。

好生活，
就是找到你觉得舒服的姿势

上大学的时候，有次骑单车出学校玩，不慎摔断了琵琶骨，所以我的乾坤大挪移始终没能练到第九层……

受伤以后，各种被照顾。当时临近暑假，同班的好友海伦让我假期不要回家了，就住她家。我不太愿意麻烦人，她说你先跟我回家看看。她家离学校不远，走路也很近，于是我就去了。

进家以后，她把我安顿好，然后换上家居的衣服，我们就吃东西、聊天。虽然认识那么久，我这才发现她是个顽皮的丫头。谈到高兴的时候，她整个人笑倒在沙发上，腿搭到沙发背上去。

在班里她是班干部，行为端庄，落落大方，在家里，她就是一个小女孩，样子舒服又随意。

我一直喜欢海伦，我们去中山路玩，她不吃烤肉串，但会买给我吃，不会像我姐妹们那样，我想吃烤肉串糖葫芦时就说都这么大了还吃这个多丢人。海伦就不会考虑这些，开心就好。

那一年，我站在哈尔滨圣索菲亚教堂前，手里拿着一大串烤肉，看着鸽子在教堂的圆顶上盘旋，想起海伦，想起我们的青春。

她现在定居于加拿大。

妈妈是全职主妇，每天把家里收拾得一尘不染。我很多时候都不愿意在客厅活动，因为怕把妈妈的战果给弄乱了，所以在家的时候也经常窝在自己的小屋子里。

妈妈嫌我屋子里乱，要帮我打扫，我不让，说自己打扫就行，东西虽然乱，但是我找得到。有时候妈妈过来，看我躺着看书，又免不了一顿批评。

感觉一直是个被管束得很严的孩子，循规蹈矩。毕业后的十多年里，晚上如果外出，一定要按时回家，夏天不能晚于十点，冬天不能晚于九点。那时候经常在外面吃饭，一看时间要过了，心里就发慌，超过时间就要和家里打电话讲明情况。

后来结婚了，八月十五深夜，和前夫在孔庙门口游荡，圆圆的月亮挂在天上，古柏森森，高大的牌坊在月色下有种说不出的美感。我对他说，幸亏结婚了，否则，还真是看不到这样的景色。

那十年里，除了一次到青岛出公差、一次到北京探望当时还是男友的前夫，我没有独自出行的经历。

不会做饭。经常是在外面吃到什么东西，回家描述给妈妈听，然后妈妈做出来我们吃。

不会洗衣服。用手洗，会起小泡泡。衣服脏了就交给妈妈。

那时候也没觉得有什么不妥当。

习惯了。

习惯了被照顾，习惯了和一群人一起活动，习惯了在约束里生活。

然而一旦脱缰，就成野马。

再回顾的时候，感觉叛逆的小火苗其实一直埋藏着，只是被压抑。

后来，就一个人越走越远。

以前一直觉得，很多东西都很难、很麻烦，比如做饭、洗衣、做家务……后来，自己动手去做，也觉得并没什么，反而还可以成为乐趣。

仿佛头脑中的魔瓶被打开，各种创意和行动，都层出不穷。

人，还是需要给自己制造合适的土壤，而不是一味等到环境配合。

我看到有很多人，似乎工作和下班后是一个样子，仿佛是面具戴久了，于是成为自己的一部分。

我以为，原本人应该像海伦一样，在学校里就是大学生的样子，在家里就是活泼的小儿女情态。这是一个人的立体多面，没有任何违和。

我以为，人可以在进家门之后，踢掉高跟鞋，赤足走在地板上，解放一天的劳累，打开蓝牙音箱听《我的海洋》，如果累，可以先什么都不干，静静地蜷缩在小角落里，全身的神经都松弛下来。

我以为，很多人可以像 @ 有品无赖那样，从事一份枯燥的工作，但在业余时间可以尽情地做想做的事，他现在沉迷于穿串，对他来说也是享受。

学着和世界和谐相处，让矛盾和纠结，无声无息地化解。

不要在无人时，仍然戴着枷锁。

我们应该逐步夺回自己人生的管理权。

自我管理，并不如被人照顾舒适，但是，自己选择的一切，终究比被动要好，即使在被动的选择里，充满了他人对自己的爱。

近些天，闭关写书，拒绝打扰。写累了，随手翻书，可坐，可躺，可趴，自由自在，不需要在意别人的看法，因为别人和我无关，对我不形成干涉。

清茶、青蔬、看云、浇花，就算明日死去，也没什么不满足。

这就是我的选择，我的快乐。

其实人人都可以如此。

他人的快乐，不等于自己的快乐。

对别人来说舒服的事，对自己未必。

我现在不太邀请别人到家里来，一来是忙，二来夏天闷热，我不用空调，有的人会受不了，虽然有风扇，不过吹到风扇我也会感冒，因为好客而让自己不舒服，不是我这种自私的人乐意做的事。

只请合缘的朋友过来。对坐饮茶，也是不错。

我家里经常是凌乱的，书到处都是，随手可拿，读两页，可能就放回去，再换一本。

生活中，不见得要讲究太多章法，那样就累了。

只要干干净净就好。

所以我时常赤着脚在屋里走动，反正地毯也够用，地面并不是多凉。

我的大部分东西，都是可以移动的，可以组合成不同的用法。

比如瑜伽球除了健身也可以当靠垫。

我有时候在角落里读书，会靠在软软的靠垫上，再把脚放到瑜伽球上，这样的姿势，比较舒服、不累。

因为并不是公共场合，也没影响他人，所以不算罪过。家本来就是个让人放松的地方，要是还总是正襟危坐，活着也就太累了……

写书，是耗费脑力的事，感觉累，就到阳台上，侍弄一下花草，也是个放松的方式。

在短暂的一生里，采取怎样的方式活着？怎么才算是舒服的姿势？

这其实不是难题。

毕竟，我们不是活给他人看的，内心的充盈和丰盛，唯有自己可以体会。

就算整个世界都那么慌忙，
你也能找准自己的节奏

有天晚上我与一个身在北京的学员进行在行的远程约见。

她咨询的话题是："能否成为自由职业者"。

她有大公司的多年从业经历，在北美生活过一段时间，目前离职，希望成为自由职业者，但不确定有没有这个能力。

她有几个可选择的方向，但在描述中，明显对于亲子教育的方向更充满热情。她目前只是感兴趣，还没有相关的从业经验。

她说愿意忍受几年没有收入，好好学习这个领域，希望在十年内，成为专家。只是不能确定，这个方向是否可行，未来是否会有预期的回报。

我本来打算建议她先找一份工作，这样可以带来一份经济收入，心里稳一些，听了她的话，感觉其实她是可以专注于学习的。

她的文字描述和口头描述都很有条理，逻辑性强，声线清朗温柔，过去的工作和兴趣都已经积累下很好的基础，只是缺乏自信、思虑周密但影响了行动力，我们最终讨论的结果是亲子对她来说是个好方向，可以坚定不移地走下去。

整场谈话中，我最欣赏的是她在确定方向后，有三年乃至十年的奋斗决心。

我们所处的时代，到处都是鼓动着"只争朝夕"，快节奏，好像不保持同样速度，就会被世界淘汰。

新闻里吸引眼球的总是"Papi 酱估值一亿，获得1200 万投资""网红经济，你再不抓紧机会就过了""X 城 X 新楼盘开盘价 5 万被疯抢而空"，似乎整个世界的人都陷入了疯狂。

在加速奔跑的人群中，慢下来甚至停下来，是不可思议的事。

越来越多的人陷入持续不断的焦虑。

如果身边的人都在讨论一件事，而自己不知道，心里会有恐慌。

如果一个标题惊悚的新闻，自己不去看一下，也觉得不会心安——问题是现在太多这样的标题。

所以人们热衷于寻找短平快的路径，追求一夜暴富的秘诀，应和着这类需求，就会不断涌现"打造成功网红的十个大招""10 分钟内掌握互联网＋思维""加薪升职，你只要做对这五件事！"

有需求，就会有供应，这个其实是人们自己选择的结果。

一位朋友开设头条号，编辑告诉他，标题必须要抓眼球。于是他绞尽脑汁地思考各种标题，阅读量的确也会很高，只是被标题吸引而看内容感觉上当的人们，会在评论中大骂。当然，有流量就有广告收入，即使被骂也无所谓，反正赚钱才是硬道理。

如果理性思考的人多一些，这样的情况可能就会少一些。

　　有些人的恐慌是：既然世界上这么多不理性思考的人，那么理性思考是否还有价值？

　　这个提问很有道理，却也唯有理性思考者才能回答。

　　所以，理性思考到底有没有价值？

　　一切都有好方法，学习进步也不例外。

　　只不过，有些东西可以快，有些却只能慢。

　　很多人都说我学习摄影进步很快，唯有我自己知道：不够快。

　　但是，我也不求快。

　　因为欲速，未必达。

　　摄影最难的是什么？

　　是审美。

　　这不是一朝一夕能够养成的。

设备、技术、技巧，这都是简单的、可穷尽的、具体的。

而审美，是抽象的。

审美，是具备敏锐的观察力和想象力，是从大千世界中抓取一瞬，是赋予平凡事物以不凡意义。

把花拍得美丽，这不过是下乘功夫，人人都可以做到。

不就是调整焦距、光圈、ISO（感光度）、白平衡等参数吗？不就是用 Snapseed、黄油相机、MIX（滤镜大师）、VSCO（摄影App）、海报工厂等做后期吗？

有美图秀秀，把人拍得漂亮都不是难事。

但是神韵呢？一朵花背后的整个春天呢？

一张脸背后的一生沧桑呢？

站在郴州东江湖边，我能够想到的是吴均《与朱元思书》中的句子，"水皆缥碧，千丈见底。游鱼细石，直视无碍。"沈从文可能会说，"美得让人心痛"。

如果我不知道这些呢？可能只会赞叹："这水真清！""这花真好看！"

够吗？对有些人是够了，对我，远远不够。

我希望面对一枝桃花时，有一百首诗词、一百个句子涌上心头，于是，这桃花，会有两百种美。

成长，快与慢。

我们可以找专家帮助自己定位方向，从而坚定不移，但以后的路，还是要自己走。

我们可以掌握快速读书的秘诀，但书还是要一本一本读，还是要通过各种方法来吸收、化为己有。

前者，可以快。后者，往往只能慢。

有些快，是无益的，比如迷惑于各种大师、各类媒体，跳来跳去，坚持不了三天就换，因为三天内没有见效。

有些慢，也是无益的，因为认自己的死理，有好的方法而不用。

有些快，是需要的。比如我昨晚回到深圳，叫到车后，立刻在车上询问朋友所在的地点，好安排次日的会面。回到家立刻吃饭，打电话给快递，给秋叶发一个文件，安排与在行其他学员的约见时间，回复微信公号的后台留言等。八点钟之前处理好这些事宜，洗澡，然后在八点半前上线，进行远程交流。整个过程，没有多少闲置的时间。

有些慢，也是必须的，因为弦不能一直绷得太紧，因为要空出时间来享受人生。即如此刻，煮水，冲一杯私房白茶，闻那久违的香，深深地吸入肺腑，满心里都氤氲着幸福。

世界可以慌忙，我们却要不断探索出自己的节奏。不要被人潮裹挟着前进，不要忽略了自己内心的声音，不要淹没了快乐，不要让自己的幸福，由外界定义。

为了自己而优秀，
让优秀成为习惯

　　周六下午，从外地远道而来的女孩子，通过在行约见我。她上班，只有周末有空，又希望面见，所以就提前安排了她。

　　在交流过程中，我建议她可以改变一下发型和着装风格。她当时穿的是 T 恤，并没什么不好，不过改变一下，整个人的风貌会有所不同。我的用意，也是由小的改变引发大的改变。她说以前也曾经有段时间，特别讲究装扮，后来，心仪的男孩子娶了别人，她很灰心，慢慢地，就放弃了对自己外在的要求，着装以舒服为主。

　　我说，其实舒服和美好，并不矛盾。

　　我那天穿的其实也比较随意，里面是运动装，外面一件长过膝的白色棉麻长衬衫，正好把运动装全部裹起来。运动装是不能见人的，这样就可以，而且回家后把外衫一脱，可以立刻开始工作。

前几天在微博上发了几张自拍，戴了一些耳饰，有些读者高兴地说：秋水老师是不是恋爱了呀？

读者是觉得我近来的照片更有女人味了。

然而其实和恋爱没关系。

我说正在健身，也有人问是不是恋爱了。

其实健身和恋爱也没关系。

虽然我也在犹豫，是不是为了避免单身带给某些人的不必要误会而找个挡箭牌，不过想想，也是挺麻烦的。

没空恋爱，也没这个心思，就是想让自己更美、更健康。规律的生活、适当的运动、均衡的营养，一些场合讲究着装，自内而外全面修炼，身体状态也会带动精神状态，一切向更好发展。

这个力量，是来自内在的、向上的拉力。仿佛攀登高峰时，来自绝顶的呼唤。

而不是来自周边的，为了取悦他人，形成的外驱力。

如果局限在"女为悦己者容"这样的思维里，为了他人才改善自己，那么没有外力的时候就容易懈怠。

为了自己变得更美好，而非为了他人。

因为精力充沛、精神丰富而感受到的充实和清新感，那种愉悦是无可替代的。

很多人以为，自由职业者是穿着睡衣工作的人。

"穿着睡衣工作"从视觉想象来说是不错的，相比身穿职业装的白领人士，这代表了一种轻松舒适的状态。然而事实上，以我自己的体会来说，就算在家里，也最好选择利落的装束，这才是高效能的保证。睡衣也许更舒服，但整个人可能是松散的，进入不了工作状态。

这个月开始另一本新书的写作，仍然是非常忙碌，附近有健身会所，

但走过去也需要一点时间，所以我还是在家里锻炼。

写累了，直接拿起一个器材开始练习。练累了，再回来写东西。这样就可以尽量避免久坐带来的劳损。另外还有一个好处，就是万一在外面遇到意外至少可以跑得比较快。

在家里不穿拖鞋，穿的是室内运动鞋，这样效能更高，也方便运动。

我买了一套简易健身器材，还没到货时，在知识型 IP 群里晒了张网络截图，小获老师说，这里面估计你也就只有两样能用起来。

我不服气，收到后逐样试了下，感觉很沮丧，小获老师说的没错，真的只有两样能够用起来，其他的都特别费力。

不过我还是要练习啊。

拉力器的确是很难拉开，我去掉了两条弹簧，感觉好了一些，每天坚持练习，几天过后，感觉拉开的幅度增大了一些，也更有信心。

腕力器也是如此。

我在练习时会特别注意身体的反应，注意把握好度。

我经常用的拉力器是硅胶的，像果冻一样，漂亮又简单。

　　每天早晨锻炼的时候，就用手机打开一个微课，一边听一边锻炼，反正锻炼是规定动作，不需要动脑，脑子空出来听内容就好了。

　　你是自己人生的设计师吗？

　　还是说，这个设计师，是你的父母、领导、伴侣？

　　是他们牵引着你，走向他们所希望的轨道，而不见得是你想要的？

　　工作，求安稳。

　　衣着，随大流。

　　买房，听丈母娘的。

　　孩子，父母帮带。

　　健康，是带一个"亚"字。

　　……

　　就这么度过一生。

　　在自己的躯壳内，盛满了别人的想法，以及期望。

　　所以，也就不怎么能够理解有些人，觉得是异类。

一个人不在恋爱状态也需要打扮得很漂亮?

没有追求目标健什么身啊?

自己吃饭,对付对付就行了。

没有伴儿,不想外出旅行。

没人管你你竟然不睡懒觉?

还会有人说:"你这么独立,活该没有男朋友。"

对于这些说法,尽量一笑置之吧,在通向优秀的道路上,难免有很多绊脚石,踢开就好。

人与人之间,想达到互相理解是很难的,专注于自己变得更美好,而不是外界的声音。

有时间,多读书,和先贤对话,多接触自然,呼吸清新的空气,聆听鸟鸣的声音,感受自然的伟力和生命的神奇。不管你是在自家的客厅,还是走在外面的路上,在你的心中,始终有股清流,涓涓不绝。

有时间,多练习一些技能,哪怕是学一下做饭、腌菜,至少可以让自己吃得更健康和美味。

你是你,不是他人,你可以根据自己的想法而活,不需要活成别人的样子,或者是别人希望你成为的样子。

你是你,成为你人生的设计师,把自己变得更优秀,把生活设计得更美好。我们不图改变世界,但在未来,抵达坟墓时,我们也许可以说:我度过了快乐的一生。

像变色龙一样生活，
趁年轻可着劲儿地折腾

在西安欧亚学院的那个早晨，我遇到一件麻烦事：

我的手机丢了！

我是在校园里钟楼前绿地那里发现的，想拿手机来拍照，一摸，糟了！

回想起来，应该是在食堂吃完饭时两手端着碗和盘子送到清洗处，手机可能就忘在桌上了。

因为是在欧亚学院里，并不太担心。我后来反思了一下，可能就是因为在欧亚非常放松，所以丢三落四的。

如果真的丢了，那就是损失不少照片，但相机里终究更全，所以，这是一个可以承受的损失。

一边想着，一边回食堂去找。记得那张桌子，但桌上没有手机，于是问旁边的女生有没有看到，她们说没有。借她们手机拨打电话，一位男生接起来，说在八号楼那边。

既然有人接电话，就不会有事。

到了八号楼门口，没见到有人，向一位男生问路，借了手机拨打电话，男生说他已经上课了，在403。我到403门口逡巡时，一位女老师问我找谁，带我去找，里面有位男生出来把手机给我，女老师说："他是我们的班干部呢！"问男生地址，想送点东西给他示谢，他笑着拒绝，赶紧回去上课了。

在欧亚，的确是让人安心的。

我其实可以不去食堂吃饭，昨晚前台问我早晨几点送餐，我说不用，我自己到食堂吃，因为已经有临时卡，很方便，我乐意像学生一样就餐，不要麻烦人送过来。去年十一期间在欧亚，老师和学生们都放假，我就是这样待在校园里，在房间工作，在校园溜达，到食堂吃饭。

即使是有些小插曲，也没关系。中午照样去食堂吃饭，当然会小心一些，就算丢了手机能找回来，也会带给别人麻烦。

人如果脱离自己习惯的生活圈和舒适圈，肯定会有大大小小的麻烦发生，是不是因为这些麻烦，就不折腾了呢？

反正我不。

进了欧亚，我讲课的时候是个讲师样，下了课就是个学生样。

工作的时候是个专业的样子，玩的时候就是个顽童的样子。

我有一个始终如一的个人品牌，但在这个品牌下，有多变的形象。

如果不是这样折腾，享受起来我会心存内疚。

朋友小A，近来非常苦恼。

她三十多岁，有个三岁的孩子，在央企工作，每天写公文，包括专业的项目资料。公文是枯燥的，让人感觉浪费生命，很多专业项目资料是陌生的，需要查询很多专业书籍，耗神耗力。央企的氛围也很压抑，升迁加薪靠的不是能力。加班加点，也影响了陪伴孩子的时间。心里焦虑，想离开，不过家庭经济条件还不够好，需要这份薪水。

她是个工作很认真的女性，面对这种情况，非常痛苦。忍？受不了。走？下不了决心。每次想要静心思考一下，往往会碰上加班，忙起来就顾不上了，但心里始终是憋闷的。

我对她说，可以给自己一年时间做准备，想好要去的单位，准备简历和相应的技能，中间可以投递简历试一下效果，如果有面试机会更要珍惜，即使失败了，也是一个技能探底的时机。在这个准备时间里，对于单位的事情，要做好切割，加班就加班，咬牙熬住，但不要把情绪带到家里。家庭的幸福是重要的后盾，也是支持自己忍受煎熬的力量。不过就是一份工作，下了班就像按下 OFF 键，进入自己的正常生活状态。

这种切割，的确是有点难，不过只要刻意训练下，还是没问题的。

在这个社会里，有时候人得活得流氓一点、皮实一点，有些事不必太放心里去。韩信忍胯下之辱，是觉得不值得争一时意气，领兵打仗时，没人能够怀疑韩信的能力。

我认识不少人，都在相对僵化的地方工作，不过并不妨碍他们的快乐：有一份相对稳定的工作，业余时间可以尽情发展兴趣，有人的自媒体收入超过本职，有人在 App Store 里出售自己开发的 App，有人写书。我曾经在《用所有的存在与世界相会》一书里说过，这类人是职场两栖人，职场限制了他们的发展，但他们在自由时间里，可着劲儿地折腾。

前提就是心态和技能。

一切均可改变！

每个人都可以经受磨炼成为更好的自己，过上想要的生活！

在乌鲁木齐和逸景营地的袁总聊天。

他学的是法律，太太也是学法律的，现在做律师。毕业前他就在学校附近经营小旅馆，对他来说，相比法律，做旅游才是爱好。毕业后，他去了新加坡的一家酒店工作。后来回国，到逸景营地工作，先在太白山营地，又到东江湖营地待了两年，然后又调到乌鲁木齐营地，刚过来一个月。

这个经历真好！

也听袁总讲了逸景营地投资人聂新勇董事长的故事，更是能折腾的人。

51岁的聂董，陕西师范大学毕业，"领衔主演"过新疆跃进钢铁厂宣传干事，新疆农业大学讲师，乌鲁木齐将军制锁厂厂长，西安半坡文化有限公司董事长、总经理，北京总府置业有限公司董事长、总经理，湘火炬汽车集团股份有限公司董事长、总裁。现在是众合创业投资管理有限公司董事长，投资了二十多家公司。

我们在逸景营地房间里的净水器，也是他们自己投资的产品。

有时候，看这些人的履历，听他们的故事，思考背后的路线，是很有意思的事。行万里路，要在走路的过程中，看、听、思考。我没见过聂董事长，不过觉得他也是身上有狼性的人。

我很喜欢慕思姚吉庆姚总的一句话："任何优秀的公司都是狼文化，因为奋斗是人性的本质，不管70后、80后，还是90后。"

我自己身上当然也是有狼性的。

也可以说，任何优秀的个人身上都有狼性，这是共性。

看上去温文尔雅，不等于内在没有狼性，对学问、对艺术的追求，缺了狼性，难以成就。相比天赋，努力其实更可靠。

别说不公平，这世上压根就不存在公平。只不过，优秀的人是通过努力来改变，而不是坐以待毙。

一个不爱折腾的人，往往也就无法和优秀的人交汇。

人生分为不同的舞台，我们在这里登场，在那边退场，不应该也没必要持一副面目应对所有。威严的任正非曾经写过《我的父亲母亲》，在他的父母面前，他可能是另外的样子。

有些场合下，我们必须戴上面具，但离开这个场合，应该记得卸下。每个人都是多面体，这并非虚伪。在多个场合都应付裕如，才合乎社会的要求。女强人回到家里，变成慈爱的妈妈，而不是仍然板着面孔，这才是正理。加班就加班，加完班，回到家里，见到家人，哈哈一笑，而不应对着家人大倒苦水，如果对方的承受力也弱，不良情绪就可能传染开来，而事情却不见得会有改善。

如果我们能够分清界限——包括人我界限、公私界限、工作与生活的界限等——而且又能够把握好界限内的表现，的确就会快乐很多。我甚至觉得，每个人其实都应该学习一下表演艺术，在我们的人生里，谁能说我们不可以成为好演员呢？

不信，你试试？

3

学霸都在
用的
高效学习法

我始终认为，
可以不买房，
但不能买不起房。
前者是选择的自由，
后者是能力问题。

看
花开
等
风来

萧秋水作品

听那么多道理，
不如多想想问题有几种解法

听了那么多道理，依然过不好这一生。

有那个时间听正确的废话，不如多研究点解决问题的技能。

当你知道一个问题的几个解法，就不会那么焦虑。

人是铁饭是钢，一天不吃饭就会饿得发慌，灌再多的心灵鸡汤，也无济于事。

我有一个简单的购物袋，带轮子，可以在地上拖着走，不装东西时可以折叠起来，相当方便。

不过有次外出购物时，轮子上有一枚螺丝帽丢了，这样轮子就会脱离出去。

我拿着购物袋去附近的五金店，问有没有合适的螺丝帽。

看店的男孩找了几个螺丝帽，都不合适。

然后他说，没办法。

我问，能不能在螺丝帽外面绕一层铁丝什么的固定住。

他说没铁丝。

我又问，有没有胶水可以胶住的。

他取了两支胶水出来。我请他调和在一起，胶略凝固，然后粘在轮子外面。

胶凝固得很快，也很牢，于是，轮子就不会脱出来了。

然后去超市买东西去了。

如果男孩说了没有合适的螺丝帽后我就离开，也许在另外的店里可以找到合适的螺丝帽，但也有可能不会，我还是着眼于现场能够解决的方法。

一个不行，再换一个。

直到证明真的不行。

那就适可而止。

难题之所以产生，可能因为：

资源匮乏。

资金不足。

知识面狭窄。

缺少技能。

比如想从深圳到北京，有人拥有私人飞机，可以不用机场排队。

有人可以乘坐民航飞机。

有人可以自驾。

有人可以乘高铁。

有人虽然身上只有 50 块钱，但有技能，可以沿途卖艺。

不同的人、不同的资源，采取不同的路径。

怕的是没资源、不努力，还就认一个理儿。

更怕的是，自己做不到，于是认为能够从深圳到北京的人，都是有问题的。

证明别人做不到，只要键盘就可以。

证明自己能做到，需要付出行动，所以很多人放弃了。

我喜欢乱想。

如果我只有 50 块钱，我怎么才能从深圳到达北京？

如果我乘高铁，可以乘什么线路？是否能够在四月，陌上花开时，缓缓而行？

我也会留意别人都在用什么办法，从中受到启发。

秋叶说，他微信公号"秋叶大叔"的排版非常简单，就是 copy 了小获老师公号文章的模板，然后改成自己的内容就行了。

这又何尝不可呢？

短、平、快、好、省。

我不用，但我可以知道，别人需要时，我可以告诉他。

由于项目管理的职业影响，我习惯于为一个项目准备几个预案，如果 Plan A 不行，那么就上 Plan B，多考虑几种情况，避免意外发生。

如果电脑没电了，我会用纸和笔写字，而不是因为没电就不做事了。

有些人连一个解法都懒得想，更不要说几个解法了。

曾经有人刻薄地形容过，说有些人从出生到坟墓，大脑都是崭新的，因为没用过。

然而大脑，其实是用进废退的。

剑越磨越光，否则就钝了。

想法越想越多，一个会激发另一个。

对问题的解法多了，也就成了知识积累。

然后，对这个世界就会越来越得心应手。

不会有那么多看不惯的人，因为明白人的多样性。

不会有那么多迷惑不解的事，因为明白事物运行的规律。

不会成天陷入失望和焦虑，因为要么动手去创造，要么就接纳。

人也会容易专注和安静，因为懂得哪些是自己可以努力的，而哪些是努力了也没用的，不会在无关紧要的事情上浪费时间。

有人对我说，本来很发愁做家务，看到我介绍的静电除尘掸等立刻就买了，收到一用简直神器，特别难、特别耗费时间和精力的大扫除变得简单便利。

不管是工作还是生活，都是这样，畏难和纠结其实只是因为掌握的方法不够。

我没有担忧过自己会在这个世界上活不下去。

我喜欢写作，对我来说，写作并不只是谋生的工具，而是一种乐趣，是我探索这个世界的记录工具。我从 1998 年开始认真地写作，到现在，还有很多技能要掌握，这个过程也让我充满了向往，愿意为之努力。

写作给我带来版税、稿酬、赞赏，帮助我支付各种费用。

摄影让我有机会参与各种旅行。

如果不想写作和摄影，我还可以酿酒、做手工织物，对于达到售卖的水平，我还是有自信的。

还可以种植香草，制作各种植物产品。

我还想学刻印章、绘画，还想在电影方面有所精进，将来影评可以写得更加专业。

所有的技能加起来，糊口并不成问题。

如果我做电商，网络营销的积累会帮上我。

深圳的房价固然高企，然而我并非没有地方居住，也不是没有能力买房，所以并不觉得是天大的事情。我始终认为，可以不买房，但不能买不起房。前者是选择的自由，后者是能力问题。

生存之上，还有生活和生命。

写这篇文章的时候，夜深了，我到阳台上休息了一下，夜风拂来，天空中群星熠熠。

我想起加贺谷穰的一幅画，仿佛我就是那个画中看星的孩子。

人的眼光要超越尘俗，才能看得更广、走得更远。

然而技能、掌握不同问题的各种解法，终归是基础。

我们掌握了必要的技能，也就真正懂得了某些道理，然后，就可以开开心心地活着，兼顾生存、生活、生命。

掌握这三个学习的正确打开姿势，就能提升 5 倍效能

这个年代，人们普遍喜欢干货，为什么？

大家的时间紧、压力大，没那么多时间去看废话，就算是无比正确的废话，也是废话，鸡汤无补于物价、房价，由于浪费了时间，照样压力山大。

然而干货一定好？

也不一定。

如果这篇文章是《掌握这 300 个学习的正确打开姿势，就能提高 10 倍效能》，哪怕是 100 倍效能，也没人看，为什么？太多了，也会形成压力。

所以，我只说三条。

适合自己的，才是最好的

学习方法有很多，如果细分到不同门类，又会有很多分支学习法。有的方法相对比较通用，比如思维导图，几乎人人都有用，用在各个门类。有的方法相对个性化，比如达芬·奇睡眠法，反正我是没掌握。

有人对各种学习方法乐此不疲地试验，尤其喜欢尝试新的方法，以为自己学习方面成效不大，是因为没学到更好的方法。以为磨刀反正不误砍柴工，于是大部分时间花在磨刀上，还真是没空去砍柴了。

有人疑惑了，说那如果不试，我们又怎么知道一种方法适合不适合自己呢？

不错，是要试，不过，先得有一个基础的判断。

这个判断的基础，就是"了解自我"。

自己是什么样的人？

有怎样的性格？

什么样的工作和生活习惯？

学习方面的驱动，是习惯于外驱力还是内驱力？

自控力如何？

是早起型还是夜猫型？

是更喜欢视觉化学习还是听觉化学习？

日常应用场景都有哪些？

……

这些问题，一个人如果愿意自我省察，是容易得出结论的，而且自我认知也会随着成长而不断加深。开始可能因为了解度不足而盲目乱试，但慢慢地应该就会有一个框架，知道有些可以试、有些根本不必要。

比如达芬奇睡眠法，如果是上班族，想都不要想，上班的时候哪能被允许定时睡眠呢？就算老板也不可能，难道所有的会议都要错开老板的达芬·奇睡眠时段？

好的教育讲究"因材施教"，就是因为每个人有共性、有个性。

认清学习的主体

其实人人都知道，自己才是学习的主体，但是在实际的操作中，却往往弄混。

有人把书当成了学习主体，一本一本地读，拼数量，拼书单。买起书来也不含糊，图书馆式的书房、坐拥书城就是他们的梦想。

有人把老师当成了学习主体，自己学不好，就怪学校和老师。在学习中严格恪守"不懂立即就问"的原则，哪怕答案就在眼前也看不到，要求"老师你给我讲讲"，而不是自己先思考一下。

有人把父母当成了学习主体，学习是为了完成父母望子成龙的梦想，光宗耀祖。

有人把社群当成了学习主体，以为只要进了某个社群，学习能力就自动翻番。

以上这些，都还好分辨。

有人是把知识当成了学习主体，所以披挂了一身的知识，从内到外散发着热爱学习的光芒，整个人都被知识占据了，就看不到这个人本身了，一出口就是沧桑诗意的语调："姑娘，我有故事，你有酒吗？"

而真正会学习的人，会清楚地知道自己在学习中发挥的主体作用。

敏而好学，好思考，也好问，但会问在点子上。转化知识为技能，而不只是转述。

学习是为了自我完成，崇尚独立、自由。学习过程中，会借助他人，但不会依赖他人。

合理用人，别把人往死里用

学习中当然要借助他人，见贤思齐，向优秀的人学习，获得高人指点，都是快速的学习方式。

不过，借助和依赖可不是一回事。

现在资讯发达，通过各种社交媒体平台，可以和高人们建立联系，知识的获取从来没像现在这个时代这样便捷。

热爱学习，渴望进步，也是好事，然而热爱学习的劲头就像一团火，燃烧自己可以，但拿去烧别人，有点不地道。

对于特别精明的人，我很害怕。

不是害怕付出，而是害怕达不到对方的期望，因为对方是花了20块钱买一本新华字典，却希望这里面包括百科全书的内容，这对字典来说，难度太高了。

花钱购买知识，是门艺术，知识有其特殊性。不是买了一本书就买了一个人，也不是买了一个话题就买了包终生服务。

算盘打得太精的人，往往让人敬而远之。我自己可以傻，但你拿我当傻瓜，我心里还是不爽啊。

现在，文章结束了，问题也来了：

掌握了这三个学习的正确打开姿势后，你能提升5倍效能吗？

也许会，也许不会。

原因请参考第二条。

平常不培养应变能力，
变故发生时就容易焦虑

一次飞机延误后，有一篇《3 月 21 日在深圳机场闹事的旅客，你们是想死吗》的文章广为流传，阅读量超过了 10 万，不过后来显示"此内容因违规无法查看"。

起因是由于雷电天气，深圳机场有大量航班停飞，气愤的乘客砸机场、打地服，文章里解释了停飞的原因，虽然语气比较激烈，但是也不无道理。

在极端天气里，闹事有用吗？

也不能说没有，也许可以获得多一点赔偿？

或者说，是他们自认为能够获得多一点赔偿？

但不可抗力，通常来说是没有赔偿的。

诚然，有很多重要的原定安排不能如期进行，会造成非常恶劣的影响和经济损失等。

但是，没办法。

我不是看人挑担不吃力。有一年，因为雷电天气，我在深圳机场，逗留八九个小时，直到晚上，飞机才起飞，第二天，我有一个公开课要进行，到达上海的时候，已经是夜里十二点半。

还好没有耽误次日课程。

如果真的耽误了，也没办法，只能事后弥补。

当时的我，不急躁，取出书来读，安心等待，一边留意着广播消息。

当然，也把情况及时知会了上海的合作公司。

对于不可抗力，我们需要承认有这回事。

这不是借口，是客观事实。

2016 年 3 月份，我参加南方卫视活动。有天晚上大概八点多，在郴州东江湖逸景营地，吃完晚饭回到房间。刚打开电脑，房间内突然暗下来，除了笔记本的屏幕，灯全灭了。我立刻知道是停电。

此时，外面有雷声、闪电，还有雨声。

不必说，是雷电引发停电。

下午回到逸景营地后，在一个小时内，我已经写完了一篇博文，算是完成了一部分任务，还有两篇文章没有写。

停电，WiFi 不能使用，笔记本的电量坚持不了多久。

手机不能充电，电量也坚持不了多久，而我需要保留一定电量，作为次日闹钟使用。

移动电源还有一定电量，但也不算多。

这就是我当时面临的现状。

就算焦急，也不会因此就来电，毕竟情绪不是发电机。

我立刻做了几件事：

1. 用手机拍了一张窗外的照片，一片漆黑，用黄油相机处理了一下，加了一句"安安静静地入睡吧"和"东江湖桃花节"的小尾巴，然后发到微博、微信，就是一个小幽默，没多大意义，不过当天是世界睡眠日，挺应景的。

2. 在笔记本的光里，收拾好床铺，换好睡衣，检查了床头的手电筒，发现不亮，可能里面没电池，也不想麻烦营地方换了，毕竟雨天摸黑相当麻烦。

3. 用移动电源＋LED灯照明，完成洗漱，避免所有电量耗光以后，无法进行。没电，热水器用不了，不过没关系，少洗一次澡又不会死。

4. 壶中有烧好的水，虽然凉了，但是渴了可以喝，房间里还装备有直饮水，并备有水果，不用为此忧虑。

5. 为了节约用电，把手机设置成飞行模式。

事实上，前一晚就停过电，只是当时不知。夜里起来过一回，伸手不见五指的黑，黑得纯粹彻底。

当时觉得很棒，因为如果不停电，房间里总会有各种小灯，比如电视机上的。停电的黑暗，也是一种不错的体验。旅行中，会遇到各种情况，如果因此而让心情随之波动，那么，旅途会因这些意外而不再美好。

停电之后，黑暗之中，用笔记本写文章，写完准备睡觉。

安之若素。

我也经历过情绪因外界意外而起伏的阶段。

那时年少无知，而且还没学会控制情绪。

后来，作为知识管理者，我成为一个善于总结的人，不仅是事后的总结，也善于事先进行演练。

对我来说，这既是职业化训练的必需，也慢慢地融入了性格之中。

飞机晚点，不管是天气原因还是航空管制原因，我一己的愤怒都不能让飞机起飞。

因雷电天气而停电，我反正也发不了电，听天由命就是。假如笔记本等没有电，那么，文章不写，或者迟发，都不是太大的事情。如果是对他人有影响，我会提前通知各方，让各方有准备。

我也是经受过项目管理训练的人，好的项目管理，必然要有预案，甚至不止一个预案。要考虑万一有变故时替补方案是什么。越大、越重要的事情，就越需要有预案。不做预案，不能怪外界，只能怪自己经验不足。预案当然会有成本，但做事情就是这样，要考虑可能的风险，以及预算外损失。如此，才能够胸有成竹。

滞留深圳机场的旅客，在看到天气状况时，心里就应该警惕。事实上，夏天的航班，必须要思考停飞的可能性，必要的话，可以考虑其他交通工具，比如高铁。如果人的思维僵化，通常会一根筋地认准涉事方，要求给出解决方案。事实上，最好的解决方法，应该是自己给出。不靠外界靠自己，也许会有损失，但相比要做成的事，成本不是最重要的，目标才是。

如果我在机场，我会在知道飞机可能延误时，就先知会相关各方，让对方心里有底。

我们经常说，要处变不惊，不过很多时候，当身临其境，就忘了这回事。

我们经常说，要具备常识，但对于不可抗力、天气原因，似乎很多人也并不清楚，所以，徒劳无功地焦急。

如果只指出问题而不给出解决思路，那么，这就是一碗营养不足的鸡汤。

如何锻炼我们的应变能力？

首先，需要具备一定的常识，尤其是预防性的常识。

比如夏天由于雷电等原因，航班受影响的概率要大于冬季，如果距离不算太远，最好乘坐高铁。测算距离，最好是全程距离，而不只是航班飞行的时间。比如我3月上旬去武汉，组办方说要给我订机票，我建议改订高铁，因为我计算时间的方式是这样：我家到深圳机场＋等待时间＋飞行时间＋机场到酒店时间。而高铁时间，是我家到深圳北站时间＋等待时间＋高铁运行时间＋武汉站到酒店时间，二者比较，后者所花的时间较少，所以是较优选择。

其次，我们需要学会"将就"。

将就，意味着人的弹性。停水停电，生活不便，暂时忍一下。电梯停了，就算住在二十几楼，也爬一下楼梯。不能开车的时候，步行也可以。人不能因为长期在一种环境里生活，适应了舒适，就无法忍受艰苦。

工作上，由于不可抗力而使项目受到影响，也需要学会接受结果。

将就，不只是工作和生活上的，也包括心情上的。豁达一些，对于既定的事实，学会积极地争取、坦然地接受，不因为一些事情，就长久梗在心头，甚至因此抑郁。得与失，都是暂时，心胸宽广，才能走更长、更远、更宽的路。

弹性越大的人，越不会受困。

第三，平常注意练习自己的技能和决断能力。

比如说摸黑做一些事情，比如消防火警练习，比如拓展训练，让身体有相应的记忆，而不只是"知道"而已。身体和精神的健壮，往往能帮我们在意外发生时快速决策，迅速应变。人是活的，路也是，大雪阻断交通时，有人可以用脚走路，跋涉数百公里，而有的人，却可能在雨灾中因为一时舍不得弃车，而导致来不及逃生。

关键时刻，学会不犹豫。

平常还可以养成一些好的习惯。

我有一位朋友，曾经在杜邦公司工作，因为职业原因，她有一个习惯：到达任何一个公众场所，她都会注意安全门在哪里，万一有事，可以尽快撤离。

我只要进入酒店房间，通常就会先煮水、冲茶，这样，即使停电，也会有热水可以饮用。

积极的心态也很重要。

事情发生时，不抱怨，不迁怒，不气愤为什么这么倒霉，而是先接受现状，再积极地寻找解决方法。乐观的人善于从逆境中发现光亮，从而不会被黑暗封锁。

为什么你有那么多闲余时间，
却不能用来换成钱

　　前天和朋友吃饭，朋友说，她有几位很有才华的朋友，目前都在家里带娃，但也不需要时刻和娃腻在一起，总还有空余的时间，她总觉得这些时间很有价值，就是不知道怎么利用起来。

　　这里面有一个重要的关键点：

　　她们的时间，是否能够被市场认可。

　　朋友的意愿不等于市场的意愿，朋友之间的陪伴、帮忙等，也不能以金钱来衡量。但市场的要求是：再闲余的时间，再出众的技能，有人愿意付费，才有市场。时间和技能，也就有了交换价值，一如商品——不要一提到商品就觉得俗，我们找工作，严格来说也不是"卖身"，其实卖的还是上班的时间。

　　很多人觉得自己有大把时间，怎么就不能转换成钱呢？

　　原则上当然是可以的。只是需要一些先决条件、准备时间，还需要一些相关能力，也许还需要平台。

先决条件

这个技能对别人有价值，最好是有独到的价值。

以前有人在微博发了一个众筹，希望有人帮助自己筹齐装修资金，用以交换的，就是自己的装修心得。

我说这个办法行不通。众筹可以是个人享受，比如海外游等，不过装修这种东西，个性化太强，网上免费的装修秘笈很多，对别人价值不大。即使是海外游这样的，也还要拼人品，别人也要衡量回报的价值。

装修这个例子也不见得一定不行，但是需要提炼。比如除了自己装修，再去询问懂装修的朋友、搜集整理其他有价值的资料，做成一个合集，侧重小户型怎么装修改造，类似日本那种30平方米巧妙设计安居一家三代，这样价值度就提升了。

有些技能，是针对企业的，对接时通常需要销售人员先谈下单子，然后才有施展机会，如果是一个人单打独斗，可能根本找不到门路。

准备时间

其实就是能力成长的时间。

这里所指的能力，主要是关于技能本身的。过硬、精尖。姚任祥写《传家》，相当部分是她自己的拿手好戏，每样都做得出挑，广受家人亲友好评，写出书来，让人惊艳。

一般人的能力，就是初级和中级水平，而要想让市场接纳，通常需要高级水平。

自家烤个蛋糕，只要好吃。但放上市场，色香味俱全都不够，还要有和别家色香味俱全的蛋糕相比的殊胜之处。

最开始可能能力还不够，那就需要培养，要照着一个高标准、专业标准来培养自己。比如做独立设计，那你得有拿得出手的设计作品。比如珠宝首饰，那也是用作品说话，不能只是自我标榜"我做的就是好"，自己觉得好，不够，大家都觉得好，抢着要，那才行。

这个准备时间，有时候可能需要很长，十年磨一剑，霜刃一出，天下寒。

有人说我没别的爱好，就喜欢看电影，看了很多部。

如果纯粹当作乐趣，也没什么不好，但是焦虑，觉得没有产出，似乎是浪费时间。

我出的主意就是，既然喜欢看电影，不如想办法把这事做成"生意"，提升自己看电影的能力，写影评、组织观影活动、积极参加电影发布会，成为观影达人，就有可能实现产出。最起码，电影赠票什么的，是不用愁了。

当然建议是建议，能不能成，成到何种地步，还得看个人。

相关能力

这主要指的是推广能力等。

不见得非得要自己会推广，比如人缘好，口碑传播，也行。
但自己会推广当然更沾光。
如果再懂网络推广，就更好了，能扩展到更大的范围。

如果能力可分可合，可独立进行、可找人帮忙，适用于不同场景，就更好了。

有次共享经济微信群在线分享，130 多人参与，也就是我和一位小伙伴两个人就搞定了。准备回头再做个测试，我一个人全程做，看看行不行。

平台

平台主要是聚集有需求的人，而且提供了各种方便的交易机制，否则可能会带来不少麻烦。

当然能力特别强的人，平台不是问题。@ 不加 V 不需要别的平台，她用自己的微博全都搞定了。

寻找到适用于自己的平台，可以如虎添翼，但永远要记住：能力不要被平台限制住，如果只能在一个平台上发展，不见得是好事。

有人说我发愁的是没有那么多闲余时间啊，我天天忙得要命，那是另外的问题了：时间管理，和怎么让自己忙得有意义。

那些看上去被填塞得满满的时间，其实是另一种形态的"闲余"——只要它的意义不大，实质上也是闲余。

对不起，我说话就是这么冰冷残酷，一如我们身处的现实。

破除假象，才能真正看到希望。

其实，能不能换成钱，也不是最重要的事，最重要的，不过还是开心二字。

如何 10 倍赚回
为自己投资的学费

　　这里的学费，是泛指，包括金钱和时间，也包括硬件和软件，指一切围绕着学习而产生的成本。

　　对于某些人来说，玩也是学习，比如旅行，所以围绕着这类有意义的玩耍而产生的花费，也算学费。然而终究，学习是结果导向的，必须用成果来验证，而玩是过程导向的，不必一定有成果。

　　投资有风险，学习须谨慎，不是任何投资都有收回的可能性。事实上，我目前看到的情况是：很多人的学费其实都打了水漂，只不过人通常喜欢为自己辩护，硬着头皮也要说有收获。

　　而我判断有没有收获，是看这个人的成长速度和成果。即使是内在的成长，也会表现在外，比如一个人花了两千块钱上了一天的沟通课，但是说起话来还是让人不舒服、人际关系并没有因此改善、职场道路也没因此顺畅，如果不是他成心这样做（比如就是不高兴、要气人，就是青春期要叛逆），那么这个学费花得并没意义。

有些人是一朝被蛇咬，十年怕井绳，以为这就是效果，殊不知，这其实是交了更大的学费：本来不过是被蛇咬了，结果以后看到井绳都胆战心惊。正确的交学费法，应该是总结出什么情况下被蛇咬、为了预防被咬应该做什么准备、万一被蛇咬了以后应该怎么处理、被什么蛇咬了以后不同的处理方法，如果是高产出的交学费，那就是激发了捕蛇的勇气，然后把蛇卖了赚钱。

闲话少说，进入正题：

投入值不值

学习不要跟风，为了学习而学习，为了显示自己热爱学习而学习。今天学英语，明天学剑道，后天去学花道，大后天突然间听说网红火了，于是立刻去学网红课。这种跟风式学习，会导致学费交了一大把，但收效甚微，不要说赚回了，不赔都难。

在人生不同的阶段，有不同的学习重点，要根据自己的实际需要和兴趣来学习。对花道如果有兴趣，任何时候开始都不晚，但对育儿之道就算再有兴趣，刚毕业连恋爱都还没一回的单身小狗狗，就别这么未雨绸缪了。有些社群会采用饥饿式营销，后进的人涨价，如果对发起者非常信任，早进早受益是对的；因为恐慌加入，不见得是理性的行为。

有些人觉得，花很多钱会激励自己好好学习，所以不应该怕贵。是的，理论上是这样，不过人因为付出的金钱而肉痛，因此形成激励，通常是在付账单的时候。过了一段时间后，惰性就产生了，所以真正形成激励的，不是"付费"这个行动，而是后续产生的回馈：健身练出人鱼线或马甲线，减重减掉 15 斤等。

有些人的学费不是自己付的，是公司付的，所以本身就容易产生逆反心理："哼，资本家，不就是想多让我干活？！我才不学呢！"

对这种人，没办法。

聪明人会懂得借势：别人付费，自己学习。

也会懂得自己花钱作为投资，并不依赖别人付费自己才会学习。

另外在这里还有一个秘诀：一钱多用。

剽悍一只猫花了很多钱约见行家，如果你只是把这笔钱当成是学费，这就局限了。事实上，这笔钱既取得了学费的效果，也是广告费：有多少人在文章里推荐过剽悍一只猫？你又是否了解，真要花钱请这些人做广告，那是什么价码？

然而更要思考的是：为什么这些行家约见过很多学员，却并不会每个人都推荐？

公布一个在行应用的小秘诀：

约见过行家之后，当行家确认见过，立刻给行家不少于 140 字的好评，描述要用心，既是对自己学习的总结，也让行家觉得"孺子可教"，留下好印象。

阶段性的成长成果，反馈给行家知道，微博、微信公众号、线下公开活动等都可以。很多人后续和行家的交流，往往是当售后服务，这当然让人反感，但反馈自己的成长，让行家有成就感，反而更有可能主动支援。

有人会说，可我就是没什么收获，难道也要违心地给好评吗？

这个问题，我们放在第二部分说。

输入要走心

俗话说，师傅领进门，修行在个人。

授业时，就算是孔子那样有耐心的人，不也是喜欢敦厚的、悟性高、勤快的？

同样的工具，有人能玩出花来，有人就是老老实实一板一眼，恪守"不懂就问"的真理，问得人两眼发黑。而且他们很诚恳地解释自己这样做的理由：我关注你很多年了，我喜欢你……

别人的内心独白是："如果喜欢我就是为了累死我，那真的别喜欢为好。"

一个热爱学习的人，懂得"累自己"。

不怕苦，不怕累，不怕麻烦。上课的时候认真听讲，带着问题学习，带着脑子思考，思考的要点是"这个和我的实际情况怎么结合"。老师长得丑，他们不关心，老师态度不好，他们没注意，因为他们的关注点是知识，他们是来听课的，不是来搞批判的，所以通常他们所想的是"这个点我以前没学过，这次学到了""这里我以前就知道了，现在可以加深理解"，而不是"切，这些我以前都知道，这老师没什么了不起啊，这么多人来听课，全被骗了！"

否定，比肯定容易。

骂人，比赞扬人容易。

然而心思如果都在否定和骂人方面，也就在自己和知识之间树立起一道壁垒，不容易吸收了。

很多年以前我接受台湾李飞彤老师的《高效能人士的七个好习惯》

培训，两天，感觉很有收获，同路的同事对我说："我们都三十好几的人了，世界观都定型了，给我们讲这些，根本没用。"我笑笑没说话。

这么多年来，我始终"要事第一"。

遇到过不好的课程吗？当然会有。

不过自己会分析：感觉不好是在哪里？为什么？能不能清楚地说出原因？是因为听不懂才觉得不好，还是有其他原因？如果是听不懂，那怎么才能听懂？比如听过一次公司组织的《弟子规》课，觉得挺荒谬的，但是，我是感性地反对《弟子规》，还是有理有据？我后来写过文章说明自己对《弟子规》的看法。

好和不好，都得能清晰地陈述出理由来，而不是凭着感觉就下结论。

输出更用心

前几天到海岸城附近的青年微视公司参观，这是前同事肖永革创业的项目。和永革好几年没见了，一见面，他就提起了HTC，我诧异他记性那么好，隔了这么多年还记得。他之所以记得，我也明白是怎么回事：2011年我自费参加一个商务旅行去了一趟台湾，参观了台塑、HTC等企业，过程中，我特意向HTC的接待方要了名片等，回来后，就写了一个总结报告，发给公司市场部，建议公司的明珠俱乐部也举办此类活动，带客户一起去台湾参观名企，非常有意义。后来，明珠俱乐部的确搞了类似的活动。肖永革当时就在公司市场部。

做这个事情，公司会额外奖励吗？没有。

对我长远的职业规划有好处吗？没有。当年10月份，我就离开了公司。

我只是觉得应该去做，没想太多。总结，是我的习惯。

为了做好总结，而且是多个维度的输出总结（个人层面、公司层面），过程中，我会特别用心地观察和思考。

我们说"如何 10 倍赚回为自己投资的学费"，其实，越是不功利，越会受益。如果时时刻刻想着赚回，脸上都写满了急切，反而会让人害怕。

不功利，就是多付出，多考虑带给他人的价值。

我这样做，从大处讲，促进了两岸交流。从小处讲，促进了自己的总结能力。其实已经是共赢。

然而我写的总结，并非流水账，不是记述我去了哪里、见了什么人、吃了什么，是用我自己的观点陈述。

论点：建议公司开展此类活动。

论据：一二三四五。

很多人的输出，比如读一本书、参加一次课程，基本上就是笔记，老师是怎么说的，书里是怎么讲的，原原本本地叙述下来，其实并没有自己的感悟在内。所以通常一次活动过后，我看很多人的活动总结，如同看一个人写的。

我看很多人写的游记，记述自己一顿饭花了多少钱，这样的流水账，我不清楚意义有多大，很多攻略其实网络都挺详尽了。我更喜欢看陈丹燕、傅真和李欣频的旅行文章，她们侧重于有趣独到的经历和心灵感悟，那是叠加了自己的阅历、结合了实景的实情，这样对别人才有启发。

转化才关键

难道只有过程中的倾听就够吗？过不了几天就忘了。

难道总结后就行了吗？过了一段时间就算不忘，再拿出来看的可能性其实也不大。

参与了，输出了，不要只是"总结"，还要考虑"转化"，这是收回投资最重要的一环。

转化，可以有很多种形式。

比如分享给他人，不过请注意，这里说的分享不是指把老师的课件传播给更多人，别人是付费的商业内容，有知识产权的，自己做好人，这对他人来说是种出卖行为。

分享给他人，指的是把自己的心得体会分享出去，比如学到的内容，经由自己的消化，通过微课、文章等方式，转述给他人，锻炼了表达能力，也赢得了自己的粉丝。

比如整合进自己原有的知识结构，形成自己的知识积累。

学习一个领域，永无止境。金克木可以说"书读完了"，有他的学识和所处时代做背书，一个半瓶醋的人这样说，难免让人觉得自负。金克木先生如果来到当代，也不见得敢这么说。当然有些人会说，当世的书都是奴颜婢膝，根本没什么可读，对这类愤青理论，听听就好。

比如《三体》和《白鹿原》也都是当代作品。我花15天时间读完《大秦帝国》，《白鹿原》我反复读过很多遍，每读一遍都觉得加深了理解。对这类书我如何转化？书更新了很多看法，我对陕西大地也增进了感情，当我行走在西安、太白山，我对这片土地的爱同样深沉。2017年4月，我被邀请参加"中华文明寻根溯源之旅"，采访2017年清明公祭轩辕黄帝大典，那真是让人震撼的经历。

它们，形成我性格中的一部分，化为内在，有些人奇怪我为什么可以这样豁达、潇洒，其实，和我读过的书、经历的事，又怎么能够分开呢？

这种转化，无法用金钱来衡量，在塑造自己的道路上，它们是无价的。

转化，可以较快变现。

我学习一些内容，可能会立刻应用在课程中，让内容更加精彩，也可能就是为了某个商业项目而进行投资，比如我学了摄影，到一定程度后，可以在在行上开设摄影话题，一小时快速提升摄影技能，也可以直接做成公开课模式。记得 2016 年有段时间研究共享经济，立刻就发起一个在线课程，有一百多人报名参加。当然这样做的前提是别人的信任，变现也是有前提和基础，有些人还没积累几个粉丝，就渴望变现，这样急躁，也是难以达成的。

多掌握一些技能（写作、演讲、语言、绘画、摄影、PPT 制作、书法……），多了解一些在行、靠我、业问、大弓这样的工具是有用的，多思考如何运营好自己的微博、微信公号、打造个人品牌，也是有效的，思考点多放在怎么帮助别人而不是一味索取，或者成为一个靠谱的连接者，都是可行的。花出去的钱，并不等于泼出去的水。

花钱有道，赚回也往往有道。道可道，非常道，当你掌握了学习之道，其实往往也就掌握了赚钱之道，毕竟，这是一个知识经济时代。

加快学习速度和保障效果，
你可以这样做

好好学习，天天向上。

别说地球人了，简直连喵星人都知道。

但是做到的就少了。

为什么？

一、缺少压力。

二、缺少动力。

很多人会表示不同意，说我们现在压力已经很大了好不好？每天因为压力焦虑得睡不着觉吃不下饭。

很多人也说不会啊，我不缺动力，我每天都充满了学习热情，简直跟打了鸡血似的停不下来，参加了各种培训听了各种微课。

然而效果呢？

焦虑并不会改善现实。

学习的活跃度也并不能表明有效果。事实上，很多人恰是太忙于学习了，所以效果不大。

有压力有动力是不错，但很多人并没有把它们给"用"起来。

我的观点很简单粗暴，善用压力和动力，就可以加快学习速度，保障学习效果。

举例子，讲故事。

2002 年我在济南金蝶分公司接手一个项目，在兖州，是河南正龙集团山东分公司，当时是正龙集团在上 ERP，我负责山东这部分。

我当时刚进公司，有点两眼一抹黑的感觉。

上岗培训？没有。

只有任务单，什么时间，做什么事。

但是，我不能说，"没办法，我不会，做不了。"

硬着头皮也得上。

虽然此前实施过其他项目，但是种类不同，工作任务中的那部分，对我来说是陌生的。

我是这样做的：

接到任务的时候，我在曲阜借了一台老旧的笔记本，勉强能装上 ERP 系统，出发到兖州，入住。然后，用整夜的时间，对照着教材和帮助文档，现学。

一整夜。

第二天一早，展开全天的培训。

这种现学现卖的方式，是不是糊弄客户？

不是。

我下了狠劲儿，所以对效果有信心。

累吗？当然。

但是，精神仍然很好，因为有"必须做好这件事"的强大愿力支撑。

完成第一阶段的工作任务后，回家，大睡两天。

山东部分进展良好，所以在 2003 年元旦期间我被邀请前往郑州的正龙总部介绍经验。

后来我到了深圳总部做产品经理，尤其是做了知识管理以后，对于各类文档支持特别重视，因为不希望有人再遇到自己那样的情况，有后盾，有备而战。

这里的压力，其实算是责任心吧，必须要把事情做好，哪怕非常困难。

有段时间，我突然对制作小视频有了兴趣，也包括荔枝 FM 这样的 APP，于是开始练声音。

不过，练得断断续续的，略有进步，但终究一般化。

反而感觉，是近十多天的进步，超过了那个较长的阶段。

原因很简单：因为分答。

分答和荔枝 FM、YY 直播相比，有一点最大的不同，分答可以直接带来收益。

为了带来更好的收益，为了责任心，就必须勤加练习。

我的准备分为两部分。

一部分是硬件方面。买了指向型麦克风，为了提升声音效果，去除杂音， RODE 的防风效果更好，所以买了这个。

另一部分自然是声音本声。练气、练声、吐字、声调，包括 60 秒内完整地给出答案，比以前都更考究，有些回答会反复录制多遍。

我请朋友们专门听过效果，他们普遍反映有进步。

从我去年开始发声，直到现在，始终有不少人嘲笑我。我的山东口音，我的咬字不清，有些人的嘲笑甚至是恶毒的。

我不会因此而止步，我相信自己可以练好，所以去做，持续地做。当然，有了足够的动力以后，做得更快速和彻底。

为了保护嗓子，我现在不怎么敢吃辣椒，虽然很想吃，然而要克制。

感冒了会比较着急，怕声音不好影响回答。

以前只是佩服罗振宇的 60 秒语音，但没有想过自己照做，现在，有机会向罗振宇看齐了。

这样努力，是一味为了赚钱吗？

我自己并不这样认为。

我喜欢 @ 张辰 Jz 说的话：

从长远来看，赚钱一旦成为目的，就会迷茫。

我们活在这个世界上，肯定都会有各种压力。

我们渴望自己的生命体验不断丰富，肯定也会有各种发自内心的热情。

那么在技能培养过程中，我们到底如何"善用"它们？

每个人应该努力去思考适合自己的答案。

你要学习默默耕耘，
然后机会自然会找到你

　　很多人都想出书，也希望我帮忙介绍出版社，我当然是热心地帮忙，不过，在这个过程中我发现，自己找出版社的作者，往往成功率并不高，倒是有些出版社会积极地联系作者出书，他们通常会通过豆瓣、微博等寻找优质内容。所以我说："先要好好写文章，等出版社来找你。"

　　其实不只是出书，很多其他事情也类似。

　　概括来说：

　　你希望争取到某些机会，但往往不容易争取到。

　　有些机会会主动来找你，由你主动挑选，这样的时候，双方合作的可能性更大。

　　其实原因很简单：

　　你主动找人，是送上门去，他们不了解你，通常也没多少兴趣了解。

　　别人主动来找你，是先经过了了解，觉得你是他们想要寻找的人。

以我的了解，很多出书的作者，都是在豆瓣、知乎或微信公众号写东西，然后被出版公司中意，鼓励作者结集出版。出版公司当然很精明，明白这些作者拥有较大的粉丝量，出书以后，粉丝就会消化一部分，市场已经得到保障。

有些作者，是被粉丝鼓励，说你写得这么好，赶紧出书吧，只要出了，我们肯定买。

这话有些可信，有些不可信，因为这样说的粉丝，等书出来了，不见得真买。

出版公司往往对市场很有经验，会有自己的判断，所以即使作者说我有很多粉丝，我相信书一出来首印一万册也能立刻卖光，出版公司未必相信。

所以对于作者来说，不要心急，继续写，不断写，锤炼自己的技巧。写得好，别人喜欢看，自然有出版公司找上门来。

很多人写作，往往过不了一关：没人看。

即使不是为了出书，只是生活记录，如果没人看、没人点赞，就没有写作的积极性。

但这样的写作习惯，是出于外部激励，而不是内驱力。

我的习惯是不管有没有人看，写、坚持写、用心写，而且是换着花样写，有些文章，还会按年度升级成新版本，因为每年有可以补充的内容。就算别人嘲笑我，我也还是写。

我一直坚持一点：写作是用文字整理你的生命。

既然如此，就不能依靠外力作为激励手段。

我曾经给人建议，说在微博上坚持做某件事，不间断地做上三年，肯定可以给人一种非常坚持的印象。

他做了一段时间后，感觉有些焦躁，说看不到效果。

因为时间短，效果还没有呈现。水滴石穿，需要时间。时间不到，石头上连浅坑都不会有。

而且，他所做的并不严格，时间和地点都有小差异。

而我所建议的严格是指：每一天的同一时刻，发一张日出的照片，同时也证明了自己在运动。

如果真的做到了这样，而且是连续三年，每天风雨无阻，你会不会觉得这个人有种坚持的力量因而佩服？

这是阿甘式的力量。

如果你有兴趣，推荐看看《阿甘正传》，用心地看一遍甚至几遍，感受一下阿甘的精神。

在不曾起风的日子，心中仍然有歌。

默默耕耘，不断地做到好、更好、最好。

然后就可能会有机会降临，脱颖而出。

当然，这只是一种情况。该争取的事，仍然要争取，只是，不必强求，如果结果不算满意，也别气馁，继续努力就是了。

真正的强大，
是没办法在死水中培养的

据说赖床是对周末最大的尊重，所以，现在的你，还在赖床吗？

周六的此刻，秋叶在创业青桐大会上。

沈怡吃完了早餐，在更改文章。

KK 花花在核对学员名单。

Scalers 在发布了微信图文之后，开始撰写书稿。

美新在参加卓明救灾培训，准备开始上课了。

张辰在机场等待起飞，要去讲课。

小获老师正在看粉丝给她的文章做的思维导图。

蚂蚁正在外地开展会。

剽悍一只猫一大早就在群里发红包，所以他是最受欢迎的人……

我七点半起床，洒扫庭除，浇完花，吃完早餐，收了一份快递，是关于一本书的授权委托书，签好了名，准备下午寄出，冲好红茶，进入写作状态。

你呢？

有一个晚上，我在家招待海峰老师、曹将、弗兰克、花生 PPT、Bobzhang、彬彬、小荻等吃饭。

曹将问我，作为"正宗的"自由职业者，我的作息习惯是怎样的？

我说基本上比较规律，早上差不多在七点半或八点起床，晚上偶尔会晚睡，看情况而定，但通常来说较少熬夜。

曹将又问我，是什么时候养成这种习惯的。

我说是进入 IT 行业以后。

曹将很惊讶，说 IT 行业是出了名的不规律。

我说，IT 行业最讲究时间规划，更讲究的是动态平衡。人跟着项目走，有可能一段时间内非常忙碌，这就得适应。忙碌过后，要给自己一段休整期。加班也是如此，其实加班最伤人的是抵触情绪。我高高兴兴地加班，下了班先去吃东西，再回来加班，那时候我是全公司加班最多的几人之一，相当有成就感。

我说自己也是经过长期的探索和实践，才摸索出适合自己的做法。

比如以前，放假以后也是过得昏天暗地，后来就在放假的前一天晚上制订计划，比如要读多少本书、要爬几次山、要做几次饭，然后完成一项划掉一项，长期下来，也就形成习惯了。

曹将还问我，做饭会不会很费时间。

我说不会，很简单的。

当天总共准备了六道菜，其中糟卤的卤味是从超市买来，提前一晚浸在糟卤中。手撕鸡也是从超市买来。小排是中午开始做，油锅爆炒姜片，加小排翻炒，加黑糯米酒、酱油、冰糖、蚝油，然后加水，滚开后放到紫砂慢炖锅里，加腐乳，慢炖四小时左右，至软骨半透明。中间放着都不用管。

青菜也很快，芦笋清炒，西兰花是开水焯熟，然后加酱油和橄榄油。

大家开吃以后，才开始蒸鸡蛋，加了油松茸，所以味道和一般的蒸水蛋不一样。

米饭用电高压锅，十几分钟就好。分量不多，主要是为了拌不二酱，给大家尝一下。

因为还有一个超大的月饼（1.5kg）、水果（李子和冬枣）和零食（芒果干、奶酪等），所以菜和饭分量都不算很多，反正最后没剩下什么，这样最清爽。

倒是准备场地费了些时间。

因为空间较小。

不过这也难不倒我。

大方桌展开，拉长后容纳八人没问题。客厅里无关紧要的东西先搬到别处，比如地毯和小方桌直接放到阳台。

遇到问题，面对问题，解决问题。

布置好后发照片给赛美看，她说："咦，又变了？"

我很得意。

清晨把桌子移动到墙边，地毯和小方桌等搬进来，享受一下这种"空"。

桌上除笔记本、花、盛茶的瓶与杯之外，别无他物。也是"空"。

变来变去的世界，就是好玩，而且，有用。

人生固然平淡是真，但可着劲儿地折腾，也未尝不可。

Bobzhang 从郑州过来深圳参加海峰老师的课程，他问我对赚钱意义的看法，以及把自己的技能、爱好变现的步骤和方式。

我的建议是，可以考虑两条腿走路，除了好好做正职，创业也未必不能。留足一部分钱给家里，不管什么情况下都不要动，然后，就折腾吧，失败了又怎么样？重来。

如果害怕冒险，那就甘于平淡，其实平淡也未尝不好，一样有各种快乐各种浪漫。Bobzhang 会在每年结婚纪念日给妻子一个惊喜，这样用心的丈夫，也真是让人佩服。

如果内心还有一种渴望，那就在评估好风险的基础上，纵情燃烧。毕竟，人就这一辈子，年轻时的闯劲儿，随着年龄增长，也会慢慢淡化。

想要成为强大的、成熟的人，却困守在自己的一亩三分地里，不思进取，习于懒惰，那么，想成大器，基本上很难。

人生不是你想要平静，就可以平静。

人到了一定年岁，有些问题终会面对。

孩子要上学择校；夫妻感情可能日趋平淡，而外界布满诱惑；父母日渐老迈，离世的亲人越来越多；自己的身体，随着年龄的增加，可能出现多种病症；面对科技发展，渐感力不从心……

经历世事磨炼如山洪洗刷，穿越形形色色的变化，未来，就有可能坦然应对生命中所有困局。

举重若轻，泰然自若，不至于遇事就崩溃。

生活本不是死水，美好无处不在。

我出门买菜，走在路上，偶然一转头，晚霞满天。

发现变化，拥抱变化，创造变化，由自己去牵引命运的主线，而不是随波逐流。

　　动起来，才能更深地体会静之可贵。

　　静下去，才能更好地消化动之所得。

　　你今日所有勤奋和努力，都助你拥有更加美好笃定的未来！

如何在排山倒海的
信息面前从容自若

随着网络和社交媒体的发达，人与人之间的沟通前所未有地增多，人与人之间往往会进行信息交换，比如朋友圈里的信息流、微博的信息流。走在路上，我们还要面对各种广告的轰炸、不断递上来的宣传单。信息产生得如此容易，每个人都可以制造信息，同时也加入传播的洪流，每天我们面对的信息量，有时候会让人感觉超出负荷。

很多人为此苦恼。我们需要信息，并从中提炼出有用的内容，但是鱼龙混杂的信息，增加了筛选难度，没有办法了吗？

当然不是。

第一，锻炼自己的信息筛选能力。

要锻炼这个能力，需要对常识有一定程度的了解，"晕倒在浴缸醒来发现周身都是冰块肾已被摘"，稍具医学常识的人就会明白这不可能，但愚夫愚妇则会因此恐惧到不行。通常来说，一个人的知识结构越完善，信息筛选的能力也越强。因为基础已经搭好，看到信息后能够在短时间内做出判断。这个短时，甚至有可能是在电光石火之间，完全成为本能。

另外，一个人是否可交往，与其提供的信息有关系，如果能够谨慎地筛选自己的交友圈，也会相应起到信息筛选的作用。有时候我们不难发现，别人的朋友圈和自己的朋友圈，可能不是一回事，大家所关注的内容并不相同。

第二，对于信息，应该有较强的目的性。

你的人生规划是怎样的，职业要怎么发展，你的短期、中期、长期目标分别是什么，你的兴趣爱好是什么，这些东西如果清晰，也就不会被和目标无关的信息一直牵引。一个不喜欢摄影的人，镜头的相关信息对他是无用的，他并不需要花费时间去了解，走在路上也不会注意相关的内容，即使路上有很多这类广告。

你需要什么信息，就关注什么信息，不需要的，忽略就是。

第三，更正自己对信息的错误观念。

很多人觉得，我现在不用，不等于未来不用，我需要现在就做好储备。这就是错误的观念。

有些信息，了解局部就够了，没必要了解全貌。比如热播的电视剧，为了和同事、朋友有共同的讨论话题，可以了解一些其中的热点，并不见得要一集一集地跟，因为你的重点在于讨论，而不是分析剧情。

了解到的这些部分，也都是"阅后即焚"型，并不需要储存进大脑中太久。

第四，养成清醒觉知的习惯。

很多时候，我们会不自觉地被信息牵引，看到一个热搜条目，好奇心发作，于是跟着去看，浪费很多时间。人的注意力容易分散，所以吸引眼球的标题党才有用武之地。有时候人们读完一整篇文章，才发现其实根本不是自己所想。你要明白，大范围传播的 10 万 + 文章，不见得是因为有用，而可能是因为危言耸听。有这种清醒觉知，就会用心筛选信息源，对标题党也会有免疫力。

人对于信息或知识，都不需要贪多，不断增加常识量，学习筛选，快速判断，去芜取精，再大的信息量其实都不可怕，可怕的是我们的心在其中迷失。

风动、幡动，心不动。

4

给人际关系做个减法

没有谁是一座孤岛。
我们相拥取暖，
相伴而行，
滚滚红尘中相遇，
共同走一段路。

愿我们经得起千锤百炼
终成大器

萧秋水@玉溪

毕竟时间
精力有限

我有一位朋友，很有才华，也很任性，喜欢写小说，但小说还欠点火候，所以不够火。他也擅长写商业评论，约稿者众，不过他又不怎么看得起这个才能，往往是缺钱用了，就找个地方全职工作一段时间，觉得钱差不多了，就辞职继续去写小说，很有点像是豆豆小说《天幕红尘》里的男主叶子农，不是没有赚钱的能力，但心思不在钱上。

按说这种任性也挺好的，赚不赚钱的无所谓，反正这是他自己的生活。

不过他有一点比较麻烦：喜欢骂人。对于看不顺眼的人，骂得非常难听。骂人也是一种本领，比如史航，但这位朋友骂人的层次也就是骂大街。有时候看他骂人，虽然和自己没关系，但觉得心头不悦。

后来一位朋友让我转下微博，我转了，有才的朋友特别讨厌那位朋友，于是开骂。我也火了，你讨厌一个人，难道别人也得跟着讨厌才行？我取关了他，也移除了粉丝。

有时候想起来，也觉得挺可惜的。

记得有次那位朋友到深圳来，我当时抱病，请朋友喝粥，朋友给我讲构思的故事大纲，一个元朝的故事，讲得特别精彩，我听得都入迷了。

有才华的人，个性往往鲜明。《天幕红尘》中叶子农要包容得多，处处与人为善，恃才可以傲物，但不需要时时竖起尖刺。

我为朋友可惜，是因为他的这套做法，会在达成目标的路上形成很大阻碍，有那个时间，其实真不如埋头修炼小说写法，然后一鸣惊人。

毕竟时间精力有限，与其浪费在无用甚至有害的事上，不如专注于真正想做的事。

其实大部分人都明白"时间精力有限"，不过经常忘掉。如果拥有了这方面的清醒意识，自己的时间管理自然不同，人际交往上也会有明显改善。

我和秋叶，其实很少闲聊，也很少通电话。如果需要通电话，都是先发一个短信或微信约一下时间，然后到时间通话，因为不确定对方手头有什么事。秋叶是大学老师，如果电话打过去正在给学生上课，那肯定也是不接的。

即使是好朋友之间，对彼此的时间也是如此尊重，所以大家才能好好相处这么多年。

我的好友渔说，是根本不接电话的。知道他这个习惯，就不打电话，通常是留言，留了言也不指望立刻回复，等就是了。这个习惯不算好，然而熟悉他的人全都了解，所以也没误过重要的事情。这个方式，是把时间的主动权抓在自己手里，而不是由他人操控。

我不喜欢加人微信或者给人电话，也是基于这样的想法：加了，不熟悉的人之间，不了解彼此的沟通习惯，总觉得如果不打招呼就是失礼，然而熟悉的朋友间，哪用得着经常问个好呢？

有些人觉得自己的事情十万火急，一副"在线等"的架势，然而别人并不见得时时在线，毕竟别人不是为了回答他的疑问而生。

其实很多人忘记了，当你有事情找别人的时候，是希望对方按照自己的时间习惯进行呢，还是按照对方的时间习惯？

在这个世界上，我们需要认清一个事实：对自己重要的事，对别人来说不见得同等重要。

因为别人不及时处理自己的事情而生怨怼之心，是情商低的表现。

人对时间的意识，有一个逐渐觉醒的过程。

随着岁月流逝，从完全不清楚时间的概念，到明白时间的不可再生性。

从自己感觉拥有大把的时间，到发现时间越来越紧张不够用。

一个人在成长成熟的过程中，往往会发现，自己的时间会由不值钱变得值钱。

所以，你计算过自己的时间价值吗？

你的时间是在增值还是贬值？

你考虑过他人的时间价值吗？

王思聪一分钟的答复 4999 元也有人买。

有些人的时间标价 1 元也卖不出去。

有人因此而愤怒，说这个世界没救了。

然而世界照样在运转。

学会科学地支配自己的时间，学会尊重他人的时间，生命的内涵将因此而不同。

《权力的游戏》有句台词：

凡人终有一死。

而你我，皆是凡人。

不因一个人，
怀疑全世界

有一次在微博看到一个女孩发来的一系列私信。

最开始的两条是她的疑惑，她对室友很好很包容，但室友慢慢变得视她的好为理所当然，变得蛮横不讲理，让她非常苦恼，不知道应不应该或者如何继续相信他人。

在后面的几条里，她详细地诉说了和室友之间不快的由来和细节，然后说自己找到了答案："我不应该因噎废食，仅仅因为这一个人就放弃自己的一颗想要相信别人、和朋友互助互爱的心，而应该反思自己和人交往的方式何时变得没有底线。毕竟，我想要做个勇敢的、真诚的、坦荡的、开放心态的人。这才是我想要的，而不是计较得失。"

我很赞许她这样的心路转变，一个能够自己寻找到答案的人，什么事都不会难倒。当然她开始的诉说是个引子，然后慢慢地引导向自我解决之路。

虽然说当局者迷，但每个人都可以成为自己的观察者、分析者、治愈者。

一个人可以练习两种表达手法：一种是带情绪的，把情绪宣泄出来，事儿往往也没了；一种是不带情绪的，就是白描，这有利于分析事件解决问题。单在脑子里想不行，情绪可能越来越重，写出来的过程，是一个排解的过程。

我们在生活中遇到被人欺负、欺压、欺诈、欺骗的情况，的确都会产生这样的想法：不知道应不应该或者如何继续相信他人。

在情绪之中，我们忘记了一件事：这个人只能代表他自己或者一类人，他并不能代表整个世界。

如果我们因为一个人而动摇了对世界的信心，这表明我们看人的眼光不透，对世界的信心也不足，表明我们的世界观、人生观和价值观还不够稳固。

这个人对我们是这样的，换一个人不见得就是如此。

如果因为受到一个人的残酷对待，就对世界失去信心，这会阻碍正常的人际交流，也会放大情绪，仿佛自己被整个世界抛弃。一个人的情绪是会被外界感知的，除了亲人、好友，其他人往往并不会太过包容自己。一个人如果周身罩上厚厚的壳，别人会感知到，也就不愿意接近了。

我们渴求的成长，其实就是由情绪化走向理性的过程。都是凡人，没有人可以在一开始就理性，最初的痛楚、迷惘、失望、怀疑……这些情绪都是正常的，但理性的人会及时切割，给不良情绪一个边界，也不会迁怒他人。一个人可能对某些人是恶的，而对某些人是好的，不要指望其他人都和自己站在一条阵线上。

墨索里尼的小儿子西格诺尔在描述父亲的时候，形容他作为"一个男子汉和一位政治家"所取得的成绩"有90%都是具有积极意义的"，"二战"时期意大利人对于他父亲的"近乎狂热的热情"应该是"真诚的"。

他说错了吗？在他的角度上，并没有。

就算再恨墨索里尼，也要承认这个事实——他的儿子对自己父亲的看法，和其他人不同。

当然，世界自有自己的一套标准，并不依从西格诺尔的个人标准。

始终相信，爱才是促人成长的力量。恨也许会激发潜力，但是容易让人进入歧途。对于那些造成伤害的，要么遗忘，要么躲避，要么包容。最好不要有活得比人好，让人有昔日看不起、今日高攀不起的心思。看不起就看不起，各走各的道路就是。人的精力如果放在了不快乐的人事物上，就盛不下快乐了。

不过，这也并不表明，对于"恶"就应持软弱态度。还是要鼓起勇气捍卫自己的权益，有些人就是吃软不吃硬，学会保护自己，不在损失不可避免时才察觉。如果真有损失而且不可挽回，那也认了，吸取教训，放下包袱继续前行。心里或许会有阴影，但只是提醒自己不要再吃同样的亏，对于别人，还是可以信任，只是在交往的时候注意底线。

对那个自己找到答案的女孩，我送给她八个字：
从善如流，疾恶如仇。

你并不需要时时顾及
他人的感受

享受

有天下午三点半，我去楼下做面部护理，那几天实在太累了，按摩本身是种放松。

整个护理的过程是一个半小时，我请技师中间不必问我的意见，照流程操作就好了，我太累，需要睡眠。我特意没有午睡直接过去做护理，为的就是两事合一。

我的确是睡着了，还做了梦。醒来不久，护理也结束了，感觉神清气爽。又到旁边的健康生活吧，要了一杯醇香的五谷豆浆，拿着回楼上吃。

连续几天的高强度忙碌后，进入休整期，然后，再开始忙碌。适度的放松，非常必要。

有人问我："老师，请问如何减轻体验美好生活带来的蹉跎岁月的负罪感而专注当下。或接受批评，或羡煞旁人，无人是座孤岛。"

我在回复时指出，"无人是座孤岛"他应该是用错了语境。

我一直是一个爱享受的人，虽然很多艰苦的情况我也能够忍受，不过，条件许可，为什么不善待自己呢？

既然我肯拼，也就不会有负罪感。我从来不认为享受是蹉跎岁月，恰恰相反，我觉得正因为这些美好体验，才让生命层次更加丰富。而且我是花自己的钱享受，和别人没有关系。

许岑想买 40 万的钢琴，不少人在评论里给他意见，说不合算，这是我所不能理解的事。钱，是许岑赚的，也许赚了这些人的钱，但毕竟不是抢的，为什么这么多人喜欢给别人指导意见？有这个时间，何不指导好自己的人生？许岑花自己的钱，做喜欢的事，也没妨碍别人，怎么就不行呢？

删减

因为时间如此紧张，所以我做人做事其实都不算太厚道。

前几天删了一个女孩的微信。

我不太记得是什么情况下加了她，也不记得她是谁。

我们之间的通话记录不多，我印象深刻的有三次。

第一次是她问我一个问题，描述了自己的一些情况，希望我给出建议，我好好地回答了。

第二次是她问我认不认识微信官方的人，她有事希望获得帮助。我说不认识，她回复了一句话，印象中是没关系的意思，不过句末使用了不少于五个感叹号。我对于标点符号的这类用法，是有些不舒服的，于是解释说，我是真的不认识。她说相信，我说如果相信，最好不要这样使用标点符号。她说是自己的习惯，以后会注意，还发了一个红包给我，以示歉意，我没收。这个事情就过去了，我的确也不在意。

这一次，是她发了一个消息来，说我关心的一家企业上了头条。我一看，是个负面消息，不过也没什么大不了，我不清楚为什么发给我，回想几次的交流，感觉受到打扰。每个人的沟通都有自己的方式，别人希望获得帮助，或者是出于善意向我传递某些讯息，我是理解的，于是我对这条消息回复说"谢谢告知"。

然后，就从通讯录里删除了女孩的名字。

不是我在意这件事，而是不喜欢这样被打扰。我弄不清楚她的用意何在，平白发来这样的消息，我又不愿意思考。删，是为了怕以后再有类似的麻烦。

很多时候我并不习惯和陌生人、不熟悉的人多打交道，因为我情商低。我并不想为了提高情商而增强容忍度，宁愿缩小自己的圈子。

有时候，为了保证自己的时间，需要关掉很多门。我本来是想对那个被删掉的女孩先解释一下，后来想想，越描越黑，还不如沉默。她也许以为，告诉我的信息是有价值的，可惜，对我来说并非如此。

我的确略有内疚，只是很快就忘记了，毕竟，我们之所以不断修炼自我，就是要夺回人生的管理权，而不是被不断地干扰。

为了避免有可能对他人造成的伤害，现在加微信也很少了，从入口就进行控制。人们会承诺不打扰我，然而他们遇上问题的时候，会忘记曾经讲过的话。

我不是不接受任何打扰，朋友们当然有随时打扰我的权利，但是和很多人，真的没熟到这样的地步。

敬而远之

时间、知识、金钱、人脉……对很多人的意义都是不同的。

有的人时间宝贵些，有的人时间宽松得不知道如何打发。然而二者之间又不能互换，毕竟地球上没有时间规划局。

有的人知识值钱些，有的人知识是没用的。

有人看重金钱，有人不看重。

有人喜欢广交朋友，有人三两知己足矣。

如果每个人都明白"和而不同"的道理，天下就不会有那么多事。

麻烦就在于，很多人按自己的标准去要求他人。

时间宽松的拉着时间紧张的去逛街，对方不去，她就生气了，觉得对方不够朋友。

不认同别人知识值钱的，希望别人免费分享，否则就是"你变了"。

爱钱的人用钱衡量一切，看一个人只看资产情况。不爱钱的人觉得前者市侩，两边说不到一家去。

广交朋友的人喜欢热闹，原也无可厚非，不过如《欢乐颂》曲筱绡那样，深夜开 Party 到扰民地步，惹到安迪报警，这也是过分了。

如果需要时时顾及他人感受，人就活得太累了。

所以圈子往往就是知根知底的一些人，大家彼此熟悉，没有隔离感，也不需要讲多客套，舒舒服服地相处。

在这样的一群人中，"考虑感受"是多余的。

生活本来也是平衡的艺术。

完全不考虑别人感受，或者太过考虑别人感受，都可能导致人无法从平凡变成优秀。

　　不愿意优秀、甘于平凡，也挺好的，但如果有人喜欢优秀、珍惜时间，那就不要把人家也拉下水了。

　　平凡的人互相约着逛街、看电影，打发时间的方式有很多，生活可以很精彩。

　　各取所需相安无事的世界，最美好。

　　就算是被说"情商很低"也没什么大不了的，我们在这个世界上生存，有自己的独立和自由度，只要不妨碍他人，就算在某些时刻，成为孤岛，也并非不好。我们需要有能力选择那些愿意为之付出情商的人。如果情商扭曲成委屈和隐忍，那这样的高情商，不要也罢。

　　《思维版图》一书中说："对于西方人，我们可以说一个人具有独立于环境或一定人际关系之外的属性。这个自我——这个不容渗透的自由的人——可以从一个群体迁到另一个群体，从一种环境移到另一种环境生存而自身无所改变。但是对于东方人来说，人是相互联系的、变化的、一定条件下的人。"

　　在东西方交融的今天，其实西方性的自我已经逐渐萌生，这也是很多 80 后和 90 后比 70 后发展迅速的原因之一，因为他们更加自我，不须背负各种牵扯粘连的社会关系和顾虑各种眼光。

　　我们所有的努力，不就在于争取最大限度的自由，可以过自己喜欢的生活，不接触不喜欢的人，不做不喜欢的事，不做好好先生，不强颜欢笑忍受各种打扰而心里郁闷至极？

对于某些关系，
也许你需要做的是切割

有一次和一位朋友吃饭，提到她的一位朋友。我说，有个冒昧的建议，这样的朋友，最好不要。

她的朋友有一年多陷入婚姻危机，作为全职太太，她对于离婚完全没有思想准备，也不知道如何应对。惊慌失措的时候，经常会在深更半夜打电话给我朋友，哭诉到两三点。她去睡了，我朋友却陷入严重的失眠。上次我朋友来深圳，本来要约我吃饭，因为她的电话，赶去她住的城市安慰她。而她去我朋友所在的城市，住在我朋友家里半个月，经常拉着我朋友聊到半夜三更。

我朋友是个善良的人，问我应该怎么帮她才好。我说，这个事情不好帮，从描述来看，她是个依赖性很强的人，而且不为别人考虑，你已经很够义气了，但不能帮人帮到连自己也陷下去。

事实上，那位朋友的丈夫为什么会想要离婚，从她漫长艰辛的反应过程中也能够猜到一二。现代社会，即使是中国家庭，除非一方有非常强的经济和精神承受能力，否则难以完全负担另一个人，因为人不是宠物，有思想，会诉说。

所以我建议，就算是做全职太太，女性朋友们也要有自己的兴趣爱好，最好是有能够养活自己的一技之长，而不需要依赖他人。

我对朋友说了一个词，"识哄"。朋友遇到急难，伸出援手，是分内的事，但是如果长年累月的情绪陷溺，别人没办法一直承担。聪明的人，会珍惜朋友的付出，借着这种力量，走出困境，而不是把朋友也一起拖到自己的困境里。

切割需要勇气，弥合需要智慧和包容。

有位朋友，太太像个小女孩一样，比较情绪化，也是全职太太，虽然已经是两个孩子的妈妈，还经常闹脾气。朋友总是好言好语地哄，他说："我选择她做人生伴侣，就要对她负责，两个人相处总会磕磕碰碰，我在外面辛苦，她在家里一样辛苦，她不能分担我的事情，但我可以分担她的。"理工男的浪漫，的确不如文艺男的花哨技巧，往往是生活上的笃定和理性。

很多人都以为好好沟通可以解决很多事，但是，有些事情并不能做到好好沟通。

遇到这类情况，怎么办？

如果自己还希望有独立的人生，我的建议就是"切割"。

这几天看《末代皇帝》，因为尊龙的演技，特别搜索了几个关于尊龙的访谈。

其中一个访谈里提到为电影《自娱自乐》宣传的一个活动．

问他，你是不是容不下那些……

他淡淡截住，说："我从来不容。"

发布会上，尊龙最后出现，以为他耍大牌的记者们很是反感，在仅有的两分钟提问时间里，问他："你为什么不出现？"他的笑容，一下子定住了。

尊龙是一个说起话来语言和逻辑都很连贯的人，这样的人向来要么不说，要么滔滔不绝。

"我是有一些自我，但是我没有错……我错了吗？没有。"

晚上来到上海影城的他，认为自己是为了一部电影而来，就和这一次从国外飞回来的理由是一样的。

虽然已经隐隐觉得，和他原本所以为的（或期望的）很不一样。就是因为这一份"不一样"，使得他拒绝将错就错。

"做人已经很累，时间又很短，不过才几十年，我不愿意做一个假人。"

据说，尊龙现在在加拿大的一个依山傍水的小城里隐居。

这样的现状，在媒体眼中会是"近况很惨"，在一些人眼中，可能是"应该会很幸福吧"。

一切，不过是"容"与"不容"。

容，就打落牙齿和血吞。

不容，就坦然地建设自己的世界，受得了热闹、享得了孤单，且，不畏人言。

在容与不容之间，也要经受住这个煎熬。

这就是人生。

在这个世界上，有千千万万不同的人生样本，你想怎么活，只要想好了、想清楚了，明白且担得起前因后果，就走下去吧。

　　做人已经很累，时间又很短，不过才几十年，做真人假人，都无所谓，是自己清醒选的就好。

　　人生真正的悲剧在于：不能选择的时候被动，能够选择的时候，还是被动。

没事别乱指导
别人的人生

没事别乱思考人生，迈开腿。

没事别乱指点别人的人生，管住嘴。

后者尤其重要。

我们身边不乏好为人师的人，指点江山、激扬文字，上到国计、下到民生，也不管隐私不隐私，张口就是：

"今年多大年龄啦？有对象了吗？怎么还不赶紧找啊？家里挺操心的吧？再过两年就成大龄剩女啦！"

"工资多少啊？——哎哟这么少，你们那单位不行啊，赶紧换吧！"

"小孩在哪里上学啊？——那家学校啊，我太了解了，老师不行，对学生一点都不上心。"

"我看你像九型人格里的七号啊，你这型的人吧……"

"现在不想结婚倒没啥，老了以后就麻烦啦！过日子嘛，不就是那回事，找一个人，知冷知热的在身边，起码互相照顾下。"

"现在放开二胎了，趁着还年轻，赶紧要个吧！一个孩子多孤单啊！"

我其实一直挺佩服这样的人的，他们有充足的时间，又热心，所以能够去关心别人，事无巨细，说起来这也是一种巨大的牺牲。毕竟，有那个时间，他们原本是可以去跳广场舞。

所以如果不领情，似乎有点说不过去。

我以前住的地方，邻居家有位老太太，我一见她就想逃，经过几番电梯对话，她已经了解了我的一些情况——我不擅长说谎。所以一见到我就摆开想劝说我的架势。我要是躲不开，就听着，然后一出电梯就快闪。这年头，大城市里关系疏离，有时候住了好几年，都不认识邻居是谁，所以这样的热心邻居，倒是相当难得，出于礼貌，我也从来不辩解。

当然就是左耳朵进右耳朵出。各人有自己的人生路线，还能凭别人几句话改变了不成？

邻居可躲，亲戚好友不好躲。如果有好管闲事、好为人师的亲友，倒是真正的麻烦。我自己倒没这份烦恼，由于远在深圳，不在家乡工作，而且出版了几本书，薄有一点名气，亲友们已经认可了我这样奇异乖张的存在，以前倒真没少听了教训。

所以，当有人问我，大龄单身，面临职场和家庭双重压力时怎么办，我有时候就会建议说，最好能够拿出一点成就来"震住人"，这样别人可能就会转移一下注意力。就算是父母，也可以有一套说辞：

"我们家孩子吧，正忙着在欧洲旅行呢，自己的终身大事也顾不上了，唉。"这样怨嗔里带着骄傲的语气，至少比啥也说不出来好。

一位朋友分享说，有位心理工作者给他说了"4 关"，他一直铭记在心。

好为人师

自以为是

金钱关

移情关

移情关，指的是心理工作者保持界限别被来访者伤到自己。

我以前也有点儿好人为师，总觉得我关心你、我为你好，所以我看不过去，我要给你建议。现在这种情况极少了，通常是对极少数的人，才会主动给出建议。给建议的时候，也不只是嘴上说说，有时候要附上行动。

比如看到女性朋友脸色不好，不需要关切地问："近来太累吗？怎么脸色不太好？"这样问虽然表达了关心，但也容易起到心理暗示的反面作用，让对方觉得自己的状态不好被看出来，于是状态反而可能更差。

更适宜的方式是，给对方冲一杯枣茶端过去，再说几句温暖的话。有言，有行，全面周到。

我们要学会为自己的人生做主，也要和他人的人生适当地保持距离。

爱，不足以成为包办的理由。

指点，也需要有相当的自信。

很多事情，其实不见得是旁观者清。

说句残酷的话，现在的时代，不是老一辈人所能指点的了。

农耕时代，几千年不变，老一辈的经验，对下一代人弥足珍贵，的确那个时候，"我吃过的盐比你吃过的米多"是令人信服的。到了新的社会，盐和米不再有可比性，比的是数码、是 VR（虚拟现实），是层出不穷的新技术，所以更合适的方式反而是"知识反哺"。年轻人要负起教会自家长辈使用新事物、新工具的责任来，不要让老人一个人站在街上打车时，因不会使用叫车软件而无奈地看着一辆辆的士从身边经过不停而深感无奈。

如果我们自己不够牛，就不要对别人的生活说三道四了。

事实上，牛人通常更谦逊，也没时间管闲事，因为他们的时间普遍比较宝贵，单位时间价值更高，更讲究精要主义。

闲人有时候用自己的时间标准去衡量他人，似乎别人的时间和自己的一样不值钱，这也是个麻烦。

有句古话经常被用来说明社会的冷漠："各人自扫门前雪，哪管他人瓦上霜。"但事实上，如果一个社会里，各人能够做到自扫门前雪，而不去冒昧越位地管他人瓦上霜，反而可能是一个更好的社会。现在的情况反而是，有人不扫门前雪，却管他人瓦上霜。

守住界限并不等于冷漠，人与人之间的相处，在界限分明的前提下，反而可以更加安心、舒服。文明社会里，熟人之间也不探究彼此隐私，而陌生人之间也可以友好相助。

对于那些前来指导我人生的人，我是这样的态度：

你说，我听，我尊重你发言的权利。你说什么，我听着，但不是说我必须听从。难道你说我是小狗，我就必须承认自己是小狗？你说我神经病，我就必须承认自己是神经病？如果因为我不听从而愤怒，甚至因此而骂我、攻击我，当然会拉黑。如果是善意的交流，而且有道理，就从善如流。

我个人特别喜欢的是这样的交流：

芒种那日，发出图片，上面写的是"鹏始鸣"，有位读者 Fred 回复说：感觉"鹏始鸣"说不通，查了一下是"䴗始鸣"，音"局"，义"伯劳"。

我查了一下，果然如此。当时根据黄油相机的模板制作图片，根本没有深思，而有这样的读者指出问题，真是深幸。于是我立刻重新制作了一张图片。

站在成长的角度，
你不见得非要合群

小白一度非常苦恼：

部门里经常有些活动，领导要求必须参加，可有的活动真的没意思。比如打牌，小白不会，也不喜欢，领导说学学嘛，这很简单的，小白硬着头皮学打牌，但似乎真没那根筋，总赶不上趟的。而且打牌通常要拿点钱出来做赌注，开始十块八块，后来就百八十块，输输赢赢的，总是心里不太舒服。

吃饭也是另外的麻烦。小白是回民，吃清真菜，他进公司的时候，先对每位同事说明了自己的饮食习惯问题，请大家理解。同事们开始也觉得没什么，有时候还一块儿去清真餐厅吃饭。不过小白总是不参与非清真餐厅的聚餐，同事们也不可能总是迁就，慢慢就上纲上线了：怎么这么不合群呢？是不愿意理会大家吧？有的同事就真真假假地开玩笑，小白赔着笑再解释，但觉得特别累。

后来小白就离了职。

和几位知心的朋友一起创业，在家里自己做饭吃，不再有饮食方面的烦恼。

小白曾经对我说，觉得社会上的各种社群，似乎也没多少帮助，参加还是不参加？

我说，看情况，自己觉得有用就参加，觉得没用，就选择其他的方式。

小白也有点担忧，说自己这样不合群，是不是不好？

我说没什么，这也不算不好。毕竟时代不同了，不再是要求人为了集体完全牺牲个性的时代了。每个人都有自己的特殊情况，有些情况，也的确不能够为了别人而改变。如果彼此不能相容，又妥协不了，那么选择其他的路途无可厚非。如果一定要为了合群而做出各种扭曲，那才可怕。

我也曾经了解到不少大学生的困惑，舍友想让自己陪着逛街，但自己却想温习功课，不陪，舍友就各种讽刺，其他舍友也随声附和，慢慢地被整个宿舍孤立了，在不爱学习的舍友眼里，自己真的错了吗？

我想这样的情况下还是坚持自我，不管在学校还是社会，都会有各种不同的声音，面对优秀的、不断追求上进的人，这样的声音往往越强烈。面对有追求的人和做法，有些人并不是想要向他们学习，而是试图把他们拉到和自己一样的水准。照顾他们的心理，要花费很多时间精力，虽然换来"合群""好人"的美名，但可能会影响到自己的目标达成。

遇到这样的情况，坚持自己的做法是必要的。真正理解你、关爱你的人，不会拖你后腿，而不理解、不关爱你的人，即使为之牺牲了，也不见得有用，最后可能会两样都落空：既赢不了友谊，也追求不了梦想。

当然，我并不赞同对这样的人口诛笔伐，他们可能只是希望有人陪着自己玩乐，并不见得有恶意（只是猜测），不必要恶言相对，只要温和地回绝，然后专注于自己想做的事就好了。

另一类关于合群的纠结，是觉得对方也许在未来"有用"，所以要多维护关系，不是都在讲人脉管理吗？

在前面的例子中，小白能够离职、创业，也是因为他培养了自己的能力，这是自由选择的前提。

人脉管理的核心，是自己的能力，如果连这个能力都不能保证，就算看上去拥有很多人脉，也可能是虚假的。人脉不是不重要，但要选择。优秀的人会懂得尊重你的时间和习惯，相处中不会有太多的麻烦。

所以，一切围绕成长吧。这并不是鼓励不择手段，而是在不侵犯别人利益的情况下，心无旁骛，专注成长。

比起熊孩子，
更讨厌的是熊家长

我没能去成武夷山。

可能是太累了，我没听到闹钟，醒来的时候惊呆了。

8:52 的火车，我在 9 点半醒来。

抱着碰运气的想法，匆匆赶往深圳北站，一边在改签窗口排队，一边尝试抢票。

等我死心放弃的时候，已经 12 点半。

打车回家。

路上把车票钱转给南方卫视的工作人员，又在群里发了一个大红包，因为既不能让南方卫视承受损失，也为带给他们的麻烦而抱歉。

回来，坐在桌前，灰心地吃东西。

楼上传来"咚"的一声。

我继续吃东西。

又是"咚"的一声。

我放下吃的，上楼去交涉。

我说，现在你们家孩子上幼儿园去了，你总不能说刚才的动静是孩子弄的。你们知不知道，由于你们家孩子闹，前天晚上我只好等你们孩子睡了、没动静了，我才能工作，然后熬夜到凌晨四点多才干完，累到我今天早晨误了火车。损失了钱也损失了机会。这楼上不止住了你们一家人，就不能为别人考虑下？

邻居说，他们管不了小孩子。

我说，你明明有地垫但是没铺。

他们说，怎么可能时时铺在地上。

我说，至少我上来三次都没看到铺地垫，都是放在一边。

邻居说，他们楼上也是动静大，难道他们也上去天天吵？

我说，你们家楼上的事和我没关系，你不能因为楼上吵你们，就来吵我。对不起再这样下去我肯定报警！

不清楚是不是"报警"的说法有作用，反正，第二天周末，小孩子不上幼儿园，没有闹腾到之前那样过分。楼上有声音，这也正常，但铺了地垫的声音和不铺，差异很明显。

一位读者说：

我家小孩快三岁，他会在家里拍球，只要大人提醒，并告诉他"拍球的声音和搞装修一样吵（他知道搞装修的声音）"，他就会停止。在饭店吃饭，因为很久才去一次，他兴奋，会忍不住到处跑，我们告诉他："到处跑的话，老板就不欢迎我们在这里吃饭。"他就会在给他留的一小块儿地方玩。

归根到底，这是教育和生活习惯问题。

我见过楼上闹腾的小女孩，看着我不说话，完全想不出在楼上跑来跑去的样子，孩子懂什么呢？孩子是大人的镜子。

我从小就被教育不要在家里制造大的响动，包括开关门的声音。关门的时候，不能直接松开手，放任门弹回来（门上装有弹簧），应该用手送回来，关到位再松手，这样不会吵到别人。东西要轻拿轻放。其实我家长年住平房，不会有楼上楼下邻居，但是自己家里人也不要被吵到，习惯了这样安静的氛围。

刚上大学的时候，因此而难以适应：晚上被宿舍里各种声响弄得失眠，后来才慢慢地习惯。

我后来明白了，重手重脚也是一种生活习惯。有时候回家遇到隔邻回来，进自家门时重重地关上，会被吓一跳。

小孩子的确是调皮，但大人要告诉他们对与错。

外甥女三宝五岁的时候，我有次回家，和妹妹一起去看望三叔，在路边买水果，一时没注意，三宝用手去抠西瓜。我发现后立刻喝止她，告诉她这样不对，会弄得别人的瓜没办法卖了。然后我们把那个瓜买下来，扔掉了。

外甥大宝二宝小的时候，满地爬、乱跑，都在地毯上。

朋友是在深圳工作的香港人，有次回深圳的高铁上，坐在他后面的小孩拼命踢椅子。接近四个小时的高铁旅程，他坐了三个小时，才忍不住发声："能不能不要再踢椅子？"

小孩子的妈妈满身名牌，马上说："孩子没踢！"然后问孩子，"你踢椅子了吗？"

朋友忍不住说了句："怎么这么没教养？"

那位妈妈马上回敬说："孩子没踢。你才没教养。"

朋友只好戴着耳机装听不见，不能发作，一发飙，就输了，就是没有绅士风度，就是没有教养了。其实，旁边的乘客已经跟他妈妈说了不下五六次。

后来小孩子的水瓶滚到朋友脚下，又拉椅子又爬，他妈说了一句："别拉啦，等下人家又骂你啦。"

朋友更加无语，批评和骂等同吗？

朋友后来在朋友圈里说："批评和骂，应该是两种层次吧？在他人对孩子的不文明行为表达不满时，不提醒孩子注意公德，反而煽动孩子敌对，这样的父母，即便是一身名牌、亿万身家，我也看不起你！"

小孩不懂事，难道大人也不懂？

为了避免影响邻居而做出一点家装上的改变，比如地垫、地毯，桌椅脚加上橡胶垫，在家里穿软拖，全部算起来又能花多少钱？就算不为别人考虑，在家里大力地拖动桌椅，对地板就没伤害？

相邻权这回事，的确很多大人也是不懂的，就觉得反正这是我自己家，怎么样都可以。

至于公私域，很多大人也分不清，把公众场合也当自家了。

自己的孩子，不是真的管不了，而是溺爱和纵容。孩子养成一些不良习惯后，会伴随他（她）一生。等他（她）走出家门，失去家人的庇护，自有社会去教育他。

有一次我去宜家，在餐饮区吃饭时目睹了一起争端。一个年轻男子因一个小孩在餐饮区不断跑闹，大怒拍桌，警告孩子老实点儿。孩子哭了，孩子的母亲过来理论，说小孩子你和他计较什么？年轻男子说你是大人，你家的孩子为什么不约束好？两边争得激烈，还发生一点推搡。工作人员及时赶来劝阻，事情才没闹到更大。

看过一个故事：

一个熊孩子到亲戚家，用矿泉水洗了钢琴琴键，亲戚没责备他，客气地给他五十块钱，说谢谢他帮忙洗钢琴。没过多久，这个孩子在一家琴行里，用可乐洗了价值二十多万的雅马哈钢琴。家长只能认赔。

熊家长也许算得上社会文明程度的标尺吧，文明程度越高，熊家长应该越少，相应的，熊孩子也会更少。

5

学着接受
那些努力
也没用的事

一念生，一念灭，
如果心中充塞着不好的情绪，
就留不出空间来盛纳各种美好了。

保持对内心最初梦想的渴望

萧秋水@清溪

我们没有那么多时间
陷溺在过去

小苹果

前几天我的苹果 MacBook Air 出了问题，键盘输入老是乱码，对效率是真有影响。于是昨天临时决定再买一台，京东正在搞优惠活动，比苹果店合算，于是立刻下了单。

单是下了，不过我心里总觉得有点不对劲儿，因为前几次打苹果客服，都查不到我原来那台 Air 的序列号。于是又问苹果客服，什么情况下才会有这种查不到序列号的情况，客服说翻新机有这个可能性。我当时就有点儿惊呆。

笔记本是六年前在朋友运营的电商网站上买的，当时他们在搞活动，朋友也有运营指标，买了这个笔记本，朋友还费心给我装了双系统，我去找他取来的，中间从来没有怀疑过什么，却在临换机子的时候，出现这桩事，心里一时间很失落。六年的时间，一直很宝贝这台小苹果，所以这种失落感……

京东送到新的机子后，先查看了外观，再查看电源循环次数，然后验证了序列号，确认维修截止日期，又给苹果客服打电话再度确认，这回算是放下心来。

于是立刻开始各种设置，进入工作状态，由于旧版 Air 不支持 Airdrop，而新版则没问题，和手机、iPad 传输起文件来飞快，语音转文字功能以前用得少，现在也多用一下，主要是为了练习声音，虽然多花了钱，然而终究是效率提升了。

至于昨天的失落，已经过去了。

上周为了朋友参加类似精神传销教练培训技术的事，情绪波动到失眠，过了几天也就平复了。做了一些努力，然后和朋友言归于好，静观事情的变化，坏结果和好结果都有心理准备，所以也不再形成困扰。

人在急速前进的时候，没多少时间去过多考虑已经形成的损失和浪费。多想，徒然无益，不如思考怎么用新的工具带来更多收益。我个人是没办法容忍工具造成的效率低下的，所以前面两天的打字感觉让我痛苦，半个小时就决定新买一台。

缺钱？努力赚就是。工具不趁手，将就着用的各种难受，不值得。

旧恋情

有人告诉我，忘不了以前的恋情，所以无法重新开始。

好像人生路上的一个死结，走得再远也解不开，一回头，那个死结老是在那里。后续交往的人中，总是横亘着那个结，不是别人不好，只是忘不掉以前。于是，一路蹉跎。

还有人告诉我，离婚后带着孩子一起生活，眼看着孩子长得越来越像前夫，性格也像，心里仿佛有根刺扎着。

每个人都有自己的心路历程，每个人也有自己的性格习惯，无法以一个统一的模式去应对。他们也都知道，应该忘掉，应该不再介意，但总是做不到。而我也不能武断地对他们说，这样不对，就该忘掉。

知道和做到，有时候真的不是一回事。

没法劝，一如那份痛没办法代受一样。

对我来说，只能默默地倾听，以陪伴作为安慰，其他的，无能为力。

要等他们自己想开、做到的那天。

那一天，何时到来？

谁也不知道。

然而我相信，时光的确会让一切慢慢地淡漠。

若是人一直活在过去，就容易忽视眼前的风景。

当有一天，你能笑着谈起当年那个让你撕心裂肺的人，云淡风轻，那么，你已进入人生的另一个层次。

活在当下

我在提到过去的时候，非常坦然，因为不在意。

既不否认，也不强调，就是平平常常。

记得那些美好，忘了那些伤痛。

生命中经历的事，无法抹去，也没必要抹去。只是，我们需要思考，这段经历，带给我们什么样的思考？穿越过去，我们有没有变得更好？

如果现在不如过去，这是为什么？应该如何做出改进？

如果现在好于过去，那么过去有什么可留恋或不可忘的呢？

过去很美好，现在也美好，未来更美好。

过去很悲伤，现在要美好，未来更美好。

人的记性，有时候要好，以便记住重要人事物。有时候，也要不好，忘了那些不快的事无关紧要的人。记忆应该有个灵活的筛选机制，可以方便地进行调控。

没心没肺的人更容易快乐，因为很多事都不放在心上，重要的事又从不忽略。

不念过去，不惧未来，当下即是。

对于无能为力的事，
又何必动用情绪

2016 年 6 月 28 日下午三点多我踏进首都机场的时候，真有点儿惊呆，知道有延误，但没想到会严重到那样，到处是人，很多人席地而坐或者是坐在行李堆里，逃荒般的乱象。

当时的我，特别累，取了登机牌，随便找了个地方，先坐下来休息。等到缓过神来，去柜台确认了一下，我乘坐的航班，应该还没取消，于是决定先安检进去，毕竟里面人少些，方便些，大不了再出来就是了。

安检特别慢，两件行李都反复过检。我感觉有点支撑不住，有点低血糖发作的迹象，于是蹲在地上，感觉略舒服些。安检人员看到了，问我怎么了，我说没事，有点不舒服。她让我别着急，指给我旁边的椅子，让我先坐着。我倒不着急，坐下来等待。安检完毕，就往里走，因为登机口没确定，就随便捡了个方向，反正大不了折回。

"大不了"是我经常会用到的词，也是我思维里的一部分。

大不了就是取消航班。

大不了多停留一晚。

大不了转乘高铁回深。

如果不是次日晚上有赤兔的分享，其实可以说是没有牵挂的。

原定五点起飞的飞机，直到夜里十二点才起飞。我在机场总共滞留了九个小时。

天气原因引发的航班延误，是夏季里经常出现的事。曾经去上海，在深圳机场滞留了八个多小时，当时是有些焦虑的，害怕影响第二天的培训。那次是夜里十二点多到达上海，幸好没有影响。这次虽然延误了，总觉得能飞就好。

在机场的时间，做了如下这些事情：

读书。当日上午见了赵昂老师，承蒙他赠送新书《在人生拐角处》，正好借机阅读，只是因为身体状况，读得很慢。

订货。在网上下单了两个书柜，因为还有一批书盛不下。

赚钱。总共回答了九个分答的提问。

预订接机。在网上预订了接机服务，初次使用，节约40元钱，花了95元钱。

我通常是使用优步的，但预计凌晨两三点到达深圳，不确定附近有没有优步司机。深更半夜等出租车不但特别累，而且担心出租车不安全，接机服务相对好很多，也贵不了多少（尤其还有优惠）。

飞机起飞后我就努力睡觉，不过机上太冷，虽然我此前换了较长的衣服并要了薄毯子，还是无济于事。很快出现感冒症状，因为这个原因导致耳朵格外疼痛，此前没有经历过。熬过三小时航程后，凌晨三点到达深圳机场，出了飞机立刻联系司机并会合。四点钟到家，然后补觉，其实也很难入睡，静静躺着也是一种休息。起来后继续调整，饮大量姜汤，晚上进行赤兔的分享，没有咳嗽，声音效果比上次好些。

整个过程中没有焦急，只是安静等待，即使身体不舒服，也是忍着。因为已经做好预案，所以相信不会影响正事。

在意外情况出现时，有些人之所以动用情绪，其实并不是为了有效解决问题，而是发泄怒气，站在自我的立场，的确宣泄出来要比压抑好，但是，不起情绪呢？岂不是更好？

有一天下午我在知识型 IP 群和微博提了同一个问题：

在你过去的时光里，最严重的一次情绪失控是什么时候？为了什么事？形成了什么样的结果？过后你有什么感受？

从大家的回答来看，引发情绪失控的，普遍都是"自己觉得是大事，别人看来是小事"。

人经历的事多了，渐渐就会懂得，很多事都是小事，不值得动用情绪。很多事无能为力，也不值得动用情绪。

情绪容易引发冲动，而冲动是魔鬼。

既然如此，人是不是就会像古墓派传人一样，无悲无喜？

起码我不是的。

我看书、看电影、看到一些事情，仍然会引发情绪，就好像前几天看到年届六十的老人，为了生存，每天搬 300 吨的东西，每吨只赚六毛钱，看着照片，眼睛不禁酸楚。看《北京遇上西雅图之不二情书》里老夫妇的动人情感，我也落泪，虽然走出影院后，慢慢恢复理性，但当时那个情感，是真挚的。

人，是活人，生活在这个世界上，总会有七情六欲，总会有各种各样的事，触及内心深处的柔软一隅。各种情绪，也是正常。只不过人需要区分，哪些情绪是好，哪些情绪是坏。当情绪初起时，能够判断。阅历多了，有些情绪，根本不会萌生。

有一本书我很喜欢，《学会站着睡觉》，里面有一大段话，对我影响很深：

心理学家把凡人比作假我，把有道之士比作真我。假我是过于敏感的，他十分在乎别人的看法，十分在意一时一地的得失，他是脆弱的，容易受伤害的。而真我则不同了，假如风雨降临，他只是让它们透过去，绝不留下它们的痕迹，他很清楚真正的伤害是来自内心的，只有你痛苦了、哭泣了、为它而改变了、不快乐了，它才会伤害你。就像失恋一样，你觉得自己是受害者，你就会受到真正的伤害，你可能会长时间地陷入胡思乱想、自怨自艾之中，甚至会因此而改变对爱的信仰和对人对己的信任；而如果你觉得自己是个幸运者（及早地认清了事情的真相，在下不得船之前下了船，重新得到了与生命中的真命天子相会的机会和自由），风雨便奈何不得你。

不过，我并不害怕痛苦，有时候痛苦也会促进我们成长，就仿佛用刀在心上割出沟壑，能够容忍多少痛苦，也就能够容纳多少幸福。

我自己可以很幸福，然而念及众生的痛苦，就始终不能超然。然而很多时候，对他人的痛苦，也是无能为力的，所以，在力所能及的范围内帮助、引导一些人，但对于不能解决的部分，也会学习放下，不成为影响精进的杂念。事实上，一个人越精进，未来就越有力量，所以，悲悯、解救，也不急于一时。

其实情绪管理就是这样：

站得高了，见得多了，也就会忽略琐屑小事，抓大，放小。

人在尘世，要学会把自己放在高空的角度看事情。这是一个空间维度。

也要学会站在生命的长度看事情，勘破生死，热爱生命。这是一个时间维度。

我喜欢看云。在山上、在地上，我喜欢仰头上望，累了，我也会到阳台上走走，看外面云卷云舒。

也会随手拍张图片，喜欢的话，就会发到公号里。

我发过很多图片，有些人并不能领略图片的含义，觉得厌烦，还有人建议我不要发。

其实，每一张图片，都凝聚着一刻时光，是我想要与人们分享的时光。图片里面也涵纳了物和空间，也许是一器一物，也许是一方天地。

我希望文字和图片，都是一种传递，这里面，有情，也有绪，而我希望，它们始终可以用一个词概括——"生活美学"。

一个人若能从大自然中汲取营养，那么，胸怀自然宽广。"读万卷书，行万里路"，要的不是书卷数和里程数，而是"经世"，是时光碾过心头的那些痛切感受，是与亲人、好友相处的涓滴真情，是每个生命在此世间的独特性，是万事万物相连所带来的无限美感。

即如此刻，我饮一杯台湾茶，仿佛饮下茶山上的阳光雨露，茶与茶具，来自不同友人的馈赠，却都是台湾出品，这样的机缘，已经足具美感，除了珍惜和体验品饮，还能如何？

一念生，一念灭，如果心中充塞着不好的情绪，就留不出空间来盛纳各种美好了。

且尽杯中茶。

真正的成长开始于
愿意学习面对死亡

清明是最重要的祭祀节日之一，是祭祖和扫墓的日子。

祭祖和扫墓，都有很强的仪式感，透过这种仪式，人与先祖的精神相联结。人在这样的时刻，会由于对逝者的怀念，而激发对生存的思考。

阴阳永隔产生巨大荒凉和失落，情感难以阻断却无法传递，站在生死交界之门的时刻，是成长的关键点。

孔子说："未知生，焉知死？"他所反对的，是鬼神崇拜，并非漠视死亡。

其实，"未知死，焉知生"也是可以成立的，只是，死亡是个沉重的话题，对于中华民族来说，更多的是避忌。

看过马伯庸发的一条微博：

昨天梦见一块灰色的大数字牌，一共只有四个数字：1900。看了一阵数字会增加，有时一个数一个数地跳，有时候连跳好几个。我问旁边算命的老头这什么意思？老头说这代表了年份的死去。数字显示1900，意味着所有经历过那一年的人，终于一个不剩全去世了。世上再没有人亲眼见证过那一年，1900 年也随之死去。

读后，感觉到巨大的苍凉。

一代一代人，相继死去。

一个一个年份，相继死去。

有人乐观地说随着科技的发展，人均寿命可以延长至 150 岁，甚至更多。

是的，这有可能。就如我们现在的平均寿命，相比原始人已经延长了不知道多少。

秦始皇苦苦追求的长生不死，在科技发展到高级阶段时，也有可能实现。

然而，现在的我们，面对的仍是不确定的未来，我们仍然需要学习面对死亡，也包括面对在死亡阴影下的，我们的生存。

小时候并不觉得死亡可怕。那时候住在乡间，看到村里办丧事，会很好奇，会跟着哭丧的队伍去看热闹。远远地看着行进的人们扛着花圈、纸扎的牌楼和小人，在墓坑前焚化，然后把骨灰盒放进黑洞洞的墓坑里，填上土。村外有坟堆，也并不觉得害怕。

那时候看电影，里面的角色死去了，会在回忆的镜头里闪现，于是以为，人死了还是可以复活的。

很久以后才知道，那是妄念和误解。

生命中面临的第一场亲人的死亡，是我的二婶。

她服毒自尽。

那时我初一，住在外婆家，中午放学见到妈妈，奇怪她怎么来了，她告诉我二婶的死讯。太突然，我不知道怎么应对，那时候的我，已经明白死亡是永远的失去。我爱二婶，无法承担这个痛苦，哭着去上学，整个下午都在哭。

二婶刚和二叔结婚时住乡下，她在城里有份工，每天傍晚回来。我就在村口站着等她。

她娘家在山里，山里有很多果树，她回娘家时会带山楂和柿子回来。树枝上挂着柿子，整枝地拿来，绿叶、红柿，那么美，我以前没见过，格外新奇和喜欢。

后来他们在城里找到房子，我暑假时去住过一段时间。二婶带我到处玩，还去书店给我买书，关于历史和文学，那些书跟了我很多年。

她敦厚、美丽、能干，服毒自尽时，堂弟还不到一岁。

从那以后，我和二叔就生疏客气。

堂弟慢慢长大，他似乎从来不知道自己生母的事，我也从来不敢询问，仿佛是要小心翼翼地掩住伤口。

我想，对于二婶来说，也许，只要堂弟过得幸福就好。

我心里，却始终有道伤痕。

死亡如同一个巨大的黑洞，从此，不断吞噬我的亲人。

我陆续失去祖父、祖母、外婆、外公。

过去几年间，舅母去世了。三婶也因病去世。堂妹在淄博，三叔在曲阜没有留恋，也去了淄博。

我和祖父、祖母（祖父的继妻）从来不亲，对他们的去世，没有多少感喟。

只是在祖母去世的当天，葬礼结束后，立刻去看望外公外婆，明白终有一天我也要面对与他们的别离，在还来得及的时候，想多看看他们。

每次，他们总是端出很多好吃的给我，如喂猪一般的爱，势必要我胖起来才安心。我也每次都来者不拒，因为听话也是爱的表达方式。

姐夫的去世是个意外。车祸，当场身故。当时我在北京，沉浸于新婚的喜悦，家人瞒着我，直到我回曲阜，乘火车到兖州站，父亲去接我，才知道这个消息。陡闻噩耗，几乎晕厥，回到家，大宝在家门口等我，哭着对我说："二姨，我爸爸死了。"

我难过的原因，就是心疼两个外甥女。

她们才五岁。

那段时间里，家里的空气始终沉郁。

大宝有一天问我："二姨，什么叫失去？"

我没办法回答，只能抱着她哭泣。

才五岁的她，已经失去了她的爷爷、奶奶、爸爸。

母亲的去世，对我打击最大。

13年了。

清明前，我转了一笔钱给妹妹，让她给母亲买花。

她后来告诉我，专程骑车去给母亲扫墓，往返30公里，带了30朵康乃馨。

母亲应该也高兴看到这样。

　　妹妹现在很注意运动，能不开车就不开车，几乎每天都是朋友圈运动量第一名。

　　母亲去世后，我从苏州到深圳工作，特意到陌生的地方，默默疗伤。三年多时间里，加班加点地工作，精神抑郁，身体也不好，衣服都是黑灰。后来突然间想到，母亲并不愿意我这样。于是振作起来，积极地治病，生活转入常态。

　　好好地活着，是对亲人最好的告慰。

　　当我明白到这一点，生命才从闭合转向绽放。

　　2005 年，在西涌，我曾经目睹一次溺亡。

　　那个年轻人，就在离我几十米远的地方溺水。开始我并不知道发生了什么，只看到有快艇驶来，有人下水捞起一个人，然后展开急救，但没能来得及。

　　那是个 28 岁的年轻人。他的几个同伴，悲戚地守在一边。

　　从西涌回去的路上，车穿过静寂的黑夜，看着车窗外的黑暗，我的泪落下来。

　　第一次，目睹生命在眼前消逝，那种震动和惊吓，无法形容。

　　忍不住去想，那个人，他的父母知道噩耗后不知道会怎样伤心，白发人送黑发人，是最大的悲剧。那个人，不知道结婚没？是否有子或女？如果是，他的妻儿，又该怎样伤心？不过是寻常出来游玩，却发生意外，我们这些过客纵使叹惋伤心是有限的，会令亲人们心碎。但是，人到底应该如何珍惜生命？

　　意外的发生没有任何征兆，可能无法避免。生命与失去生命，也许只是毫厘。但，这一毫厘如何把握？

我曾经茫然了许久。

后来，我懂得了，我们没办法阻挡死亡的来临，包括自己，并不确知会在什么时刻、以何种方式离开，然而，学习面对死亡，坦然地承接，就会更加珍惜活着的每一天，充实宁静，光华绚烂。

我们每天不断学习，拓展自己的思维，提升自己的技能，更新知识以应对不断改变的世界，然而这一切学习的根本，到底是为了什么？

我们会在每一天里，都有一个安静的时刻，倾听内心的声音吗？

昨日，走在深圳景田北街，眼前，是盛大的花事：道路的两旁，木棉树绵延开去，枝头硕大的花朵，如同火焰，在天空中燃烧。那种不顾一切的姿态，仿佛是一棵树倾尽了生命中所有的激情。

地上，有很多落下来的花朵。即使是落花，给人的感觉，也不是颓废阴郁的。

花会开，也会败。树长出新叶，到明年，又是一场花事，周而复始。

人会生、老、病、死，对每个人来说，生命仅有一次。

所有的结局是注定的，有宗教信仰的人们，会深信永生、轮回，但不管死后的世界如何，死亡的门槛，终究是要跨过。

记得 2011 年读到《你可以不怕死》，反复读了四遍，每一遍都加深了感悟。死亡，不因人的惧怕而不来临，它无疑是沉重的，然而若不能学会面对死亡，对于"活着"的意义，可能也难以深刻体会和把握。

在读《必要的丧失》一书后，我曾经写下这样的句子：

我之所以明白了死亡并不可怕，是因为这是生命发展的规律，如同自然界的草木，只是人的生命周期比草木长一些。如果活着的时候，能够体会到生命之美，享受每一天，其实，死亡真的不是那么可怕。而同样的道理，人体的衰老，也是自然规律，顺应它，不需要做出太多的努力，更不要因为手中有权有钱于是妄想长生不老，那些，只是徒劳，面容会衰老，而内心的丰富，则会与日俱增。

若能安享生命的春夏秋冬，在每一个季节里，做该做的事，春花秋月，夏风冬雪，而不是总是渴望错季，也许，看法自会不同。接受所有的丧失，甚至是主动的离弃，因为，要放手，应该在合适的时刻，不是到了非离不可。就像送人礼物，应该在别人需要的时候，而不是自己用到残破，不要了才去送人。

我们要努力把那个更富有智慧和理性的中年自我与那个我们挥手告别的、热情奔放的年轻自我融为一体。

为了未来，
是不是总要牺牲现在

和一位朋友聊天。

她问："你为什么不创业呢？"

我说："太辛苦。不适合我。"

她问："你有这么多粉丝，为什么不建个社群呢？"

我说："太麻烦。现在时机还不成熟。"

朋友的意思是，我应该把心思花在赚钱方面。

而现在的我，正忙于各种学习，不断加大体验的范围，不仅求广度，而且求深度。进入疯狂的学习状态时，不想其他事情侵占了时间，有些事，也许等我的精神境界和技能层次上了几个台阶以后，会做的，不过，也许还会有吸引我的新的东西，所以有些事也许始终不做。

我坦率地承认自己赚钱的欲望和能力都不强，够自己生活的就行了。而我的生活，又如此简单。

朋友刚刚放弃了一个创业合作机会，她坦言那个机会对她的诱惑力很大。不过在试着和创业团队一起工作一周后，她觉得，并不能适应那个状态，所以就放弃了。

她说，其实经济上没有压力，不过之前觉得，这个创业合作如果能够成功，回报会是很多倍。毕竟，长辈会老、会病，一来要好好照顾他们，二来也希望自己拥有无忧无虑的退休生活，所以当时动心了。

关于对长辈的照顾，这是个复杂的问题，我不好置辞。

关于个人的退休生活，我倒是有些不同的想法。

朋友问我都不考虑退休以后的生活吗，我说那个太遥远了，略做了一点准备，但还是专注于现在。

当时我们正在吃饭，我指着桌上的佳肴说：

"现在，我们牙好，胃口好，可以尽情地享受这些美食。十年后呢？二十年后呢？我们的身体会老迈、器官会退化，那时，就算我们眼前摆满了美食，可能也已经难以好好享受。"

我的意思是：退休以后的老年生活，固然是要好好规划，但是，是不是一定要用现在的辛苦作为代价？

而且未来的发展，实在不好预测。就算有些人积累起了巨额财富，难道就稳若泰山？30 年前的中国是什么样子？30 年后又会是什么样子？

谁能说得准？

中国钢铁行业的去产能可能造成 40 万人的失业，这 40 万人，曾经过着安稳的生活，以为不会改变，过去的他们，会不会想到今天？

有人会说，正因为这种不确定性，才需要好好规划未来。

对普通人来说，没有任何规划，能对抗得了大势。

但我们都不知道，大势是什么。

现在先努力拼搏，留着福以后享，是很多人的想法，包括最典型的"等我退休了，就去周游世界"。

而实情却往往成了，"现在拼命赚钱，未来拿钱续命。"

当我想周游世界的时候，我愿意趁着年轻出发，而不是等到"有钱有闲"。

有些人的未来，是零存整取。

我是活期存取法。

2016年5月，我参加内蒙古的徒步，两天时间，1800元，加上往返机票等，应该也就是几千块钱。这是现在就可以做的事，不用等到赚够几百万几千万才做。

萨拉乌苏的风景百年不变，但我的身体状况会变。

我宁愿现在用双腿走，也不想未来坐着轮椅周游世界。

我始终认为，对于未来尤其是老年的规划，应该是在不影响现在生活的基础上。

规划是重要的，但规划和计划往往都不如变化快。最好的做法是培养应变的能力，最重要的其实是学习能力。

如果可能，我希望自己这一生，到老、到死都拥有赚小钱养活自己的能力，而不是为了赚大钱而牺牲现在的享受。

北大虎妈给自己的孩子制定一天学习18个小时的作息表，她的理由是：现在不努力，将来会更辛苦。

事实上，等她的孩子长大了，也未必不辛苦。

活得太累的人往往是这样：一直都会上紧发条。为了将来的就业，童年就开始努力；为了赚够足以养老的钱，有了好工作要继续努力。

为了将来的退休生活，有的人会每晚加班到 10 点。

为了在父母老迈以后好好照顾他们，有的人可能会牺牲现在的陪伴时间。

就好像人生的意义，就在于最后的二三十年。

我们不需要担心被机器人打败，因为，我们已经成为机器人。

美国开国元勋约翰·亚当斯曾经说："我必须研究政治和战争，就是为了让我的孩子们能研究数学和哲学。我的孩子们应当研究数学、哲学、地理、自然、历史、造船学、航海、商业和农业，目的是让他们的孩子们能够研究绘画、诗歌、音乐、建筑、雕塑、编织和陶艺。"

但是一代一代过去，我们在研究什么？成功学、心灵鸡汤、无休无止的财富和权力攀比、如何让微信阅读量达到 10 万＋、如何获得风投、如何抓紧进行房地产投资、如何抓住一切赚钱的机会。

诗歌、音乐、建筑等并没有被忽略，北大虎妈解释为儿子制定的作息表："弹钢琴、拉丁舞是为了培养艺术天赋，以后找女朋友有帮助。"

先辈们牺牲了性命换来的，却是一代一代人前赴后继地成为大机器时代的螺丝钉。

而且这个螺丝钉的命运，还可能延续下去。

对不起，我要跳出这个螺丝钉的命运。

我赞同奋斗，青春的热血和激情需要有个出口，热爱工作和热爱旅行、热爱阅读等都一样，不可耻——前提是热爱，而非被迫。

参加武汉女子半程马拉松时，除了登上珠峰、创造三个中国之最的魏静老师外，还见到一位叫余丹的"马拉松狂人"，他除了拥有光合无限营销机构 CEO、武汉大学客座教授、武汉青年创业导师、中国十大品牌策划专家等众多身份之外，更以对马拉松的狂热著称，三年之内，参加了 47 场马拉松。今年 42 岁的余丹，相比同龄人，的确显得年轻太多。

他们追逐着自己所热爱的事情，为之付出常人所不具备的努力，投入艰辛的训练。不过，他们也都认为，运动应该以健康为基础，不必做出过分的追求。每个人了解自己的健康情况，如果发现情况不对，也不要硬撑。

2015 年深圳马拉松，有位 33 岁的男子，在最后 100 米区域内倒地，未能救起。他有一个六岁的女儿，妻子也又将临产。据说此前体检，医生已经告诉他不适宜参加马拉松比赛，但他没听医生的劝告，以为可以撑过去，然而结果，未如人愿。

魏静老师享受跑步，不以争胜为目的，但恰是这样的心态，让她经常超常发挥。这次武汉女子马拉松比赛，由于酒店的噪声问题，她连续几晚没能睡好，感觉状态不如以往。她抱持着"重在参与"的心态参赛，取得了第三名的好成绩，也刷新了个人纪录。

余丹有句关于马拉松的感悟，我也非常喜欢。

他说："在马拉松比赛的途中，永远有超不完的选手，永远有人在你前面，你要做到的不是追过一个又一个对手，而是要超越自己，无论是肉体还是精神。"

超越自己，并非指全力以赴地拼搏，不管不顾地燃烧自己，而是奋斗有度、享受及时。克服自己对"成功"的渴望，不为遥远的未来的安逸而牺牲当下，好好爱惜自己，尽情体验更丰富盛大的生活，深入生命的肌理。

古人说："少壮不努力，老大徒伤悲。"

现在的我，更愿意这样理解：

如果在我们还能把握时光的时候，没有努力去投身于真正热爱的事情，没能获取到超越岁月和世俗的心灵幸福能力，那么，在人之将去时，也许悔之莫及。

失去生命的诱因，
竟然是十几块钱

　　很多年以前，我还在银行工作。那年七月的一个晚上，全科一起吃饭，席间科长说起那段日子他的同学或病逝或出意外，感慨地说："人想活都不易，下一个还不知到谁呢？"当时的心情相当沉重，举杯相约，一定要好好地活。

　　次日清晨，便听到一个惊人的消息，一位同事出了车祸，危在旦夕。前一天下班时还见到他，微笑着打招呼。听到消息的一刻，只觉得一颗心重重地落下来，沉到无法触及的地方。有种莫名的恐惧从深处涌上来。这位同事也是科长的同学。他出车祸的时间，正是我们吃饭的时间。人想要好好地活，竟也不能，扛过意外。在生命坚强的表层下，掩盖着极其脆弱的本质。

　　那一天，没有任何心思工作。其实和那位同事，称不上太好交情，但是在生死之际，仿佛没有什么距离。满心盼望奇迹出现，盼望那是一场噩梦，梦醒后他依然会站在我们面前微笑如常。

可是人面对死亡，自身的力量何其微小！第二日清晨，便听到了他不治身亡的消息。

那位同事，家境不好，父母离异，一个人辛辛苦苦读完大学，回来找到一份比较不错的工作，凭着他的专业，为我们的业务微机化做出了突出的成绩。为此，行里专为他成立了电脑公司，正是大展宏图的时机。他的女友，在家人重重阻挠下，历尽波折，由行里帮忙，终于办好一切手续，调到本地与他相聚。他们已定于国庆节结婚。

幸福的人生已经揭开了帷幕，可是在一瞬间，被无情地粉碎。

在追悼会上见到他的女友，痛到麻木、欲哭无泪的神情，让人心为之碎。

后来，知道了事情的前因后果，更觉得唏嘘不已。

同事和女友去一家饭店吃完饭，走到路的这边，发现饭店找的钱不对，少找了十几块钱，于是，他们就回去找饭店理论，就在横穿马路的时候，同事发生了意外。

那十几块钱，是个诱因，如果没有车祸，不管是否顺利地要回钱来，都是微不足道的金额，而当它引发了不幸，不管是怎样的金额，都变得沉重。

如果饭店没有找错钱，

如果同事没有很快发现，

如果同事不计较，

如果他俩还在马路那边，

如果过马路的时候小心一点，

如果当时没有车急驶而来，

......

可是，人生没有如果。

任何事情的发生，都有因果，有些是偶然，而有些是必然。偶然因素，难以预防，考验人的弹性应变能力。必然因素，如果能够及时察觉，或者预防，就有可能更改事件的发展路线。

可惜的是，往往当局者迷，也谈不上旁观者清。

旁观者所能看到的，也只是事件的局部，并不像电影那样，具备上帝视角，整个事情的来龙去脉，一目了然。

在真实的生活中，我们所能做的，只是依据事情的一角，去做拼图。

当我们的见识越多，阅历越广，我们就越能推知出，事情的可能发展、一个人的可能反应。就越能够从一堆乱麻中，理清头绪。哪些是偶然因素，哪些是由于性格、成长经历等所造成的必然。

所以，避开那些危险的人，比如劝你吸毒的、劝你出卖灵魂的。

所以，避开那些危险的事，比如深夜里的独自夜跑、比如有妇之夫或有夫之妇的暧昧勾引、利益相关方的贿赂。

所以，要不断增强自己的鉴别能力，能够识别出危险所在，能够对一些小事放手不计较，洞悉人性和商业规则，不断地筛选，让自己少陷入不必要的麻烦。

《解救吾先生》是一部让我感受很深的影片，吾先生被绑架，有偶然因素（随机），也有必然因素（豪车），而吾先生脱险，同样如此，有偶然因素（运气，生死攸关之际被解救出来），也有必然因素（出身于军人的机智和过硬的心理素质，常人所不及）。

某天下午，我和两位负责急救培训的朋友交流，谈到这部片子，也谈到，急救知识固然是很多人欠缺的一环，但是否可以在急救培训中，增加如何预防，就是说，在面临危险时，能够及时察觉，比如身边的异动，比如爆炸发生时能做到快速反应、拔腿就跑。训练有素，在平常看来也许多余，然而养兵千日，用在一时，如果有意外发生，一个人平时训练而得的心理素质就会派上用场。

年轻美好生命的逝去，如今回想起来，仍然沉痛。很多年前同事发生的悲剧，在我心里形成深刻的提醒机制：

学习控制情绪，涉及金钱或面子等方面的损失时，不至于乱了阵脚失了方寸。钱的损失，别人无端的嘲讽怒骂，可以不去在乎和理会。

学会放手。唯其不争，天下莫能与之争。不是凡事不争，而是该争才争，争时，注意风险防范。

理解很难，不评价也难，贬斥容易，
那么你如何选择

故事一

有一天晚上我想在微博私信一位朋友，基于对他的敬意，打算寄本新书给他，结果发现他已经取关了我。

我想了想，觉得原因可能是和慕思有关。

我们前一次的互动，是我在欧洲的时候，发了一条微博，这位朋友转发时加了一条评论：赞助商是骗子！

我有点惊讶，问：何出此言？

朋友私信我让我百度一下。

我说，我百度过的，论坛里的消息可信吗？我相信自己的眼睛。中国做企业不容易，被黑也正常。

朋友说："呵呵，我直觉。个人之见。让时间判断。帮个忙，弄清广告上的老头是谁？"

我不想就此事与朋友进行讨论，说："交给时间吧。"

大家对一家企业的看法不同，这很正常。我还真是认真地百度过慕思，的确也看到过黑化慕思的言论，但信息源如果是论坛等，是不足以采信的，毕竟谁都能发布。指出这点，对朋友已是不敬，所以不想深谈。

慕思老头，也是慕思深思熟虑后采用的品牌形象代言。很多人误认为慕思是国外企业，我以前也曾经这样认为，但慕思自己从未这样说过，相关报道中一直说明慕思出身于东莞厚街，老板王炳坤是土生土长的厚街人。当我了解过后，明白以前是出于认知偏差，但如果不愿意承认这点，也许就会认为是慕思骗人。去澳洲和欧洲，就会明白慕思的这种做法非常有益于国际化战略的推进，品牌营销方面是高招。但是解释这些，一方面好像是为慕思辩护，另一方面涉及信息筛选和鉴别等，也可能会让朋友不开心。

那么，朋友取关我，我会不会不开心呢？

有点儿。不过很快就淡然了。

也不会取关朋友，因为欣赏和尊重，也因为理解。每个人有自己的立场，不必强求。

另外，也许不见得和慕思相关，这只是我的猜测。不过直接问朋友"你为什么取关我？"也是个不礼貌的做法，当然不能问。

故事二

12月16日晚上，我从武汉乘高铁回深圳，未出车站前就叫车，优步地图显示，司机离我很近。他打来电话，我们约好了在维也纳酒店门口等，因为那里是非常显眼的地标。但我走到那里时不见人，打电话给司机，他说很快就到。再等，还是不见人，然后再电话，他说酒店前不好停车，让我再走过去些，到路口等。于是我拖着行李去那边，还是不见人。再打电话，原来司机又到了维也纳酒店门口，我那个无语啊……

总之等了 20 分钟才上车，那天深圳降温，站在那儿还是挺冷的，还要拖着行李箱什么的我就不说了。

上了车以后，我说：终于会合了。

然后问：这个时间会不会堵车？

司机说：应该还不会。

那就好。

我之前的确有些焦躁，就是担心堵车。晚上我和朋友有约，要过去见他，而且去之前还要处理完一些事情，如果堵车就来不及了。

在路上和司机聊天，听他说起，生意不好做，刚丢了个单子，没签成，心情有些懊丧。

细问下去，做电线电缆生意的，一个单子往往是几百万。

宽慰他单子丢了就丢了，振作点，还会有新的单子。

他说还好，反正有点积蓄，开车也有收入，幸亏脚踏两只船。不过一直有个疑惑，朋友们都说，要专注于一行，才能做好，所以说他做优步司机是不务正业。

我说专注于一行原则上是对的，但是还是要看哪一行。有些是可以长期依靠的手艺，钻研的时间越长，越精通，当然是好事。但有些行业，有很大的不确定性，实际上则靠的是关系。就像他做的工地电缆，客户那边换一批领导班子，关系就得重新建立，这样的行当，又怎么专注呢？

他听后频频点头，说有道理。

我不生气不抱怨，不是我好涵养，而是反正见面了，目标是快点儿到达，抱怨并没用，如果两个人争吵起来，司机再发点儿脾气，路上还容易出事。

另外也是因为，刚刚在路上重读了《生命中最简单又最困难的事：日常生活就是我们的本身，既绝望又禅意》，书中有段话讲到，你并不知道别人发生了什么事，所以要试着去理解。

失单的司机陷入失落的情绪，我之前并不知道，知道了，至少可以多一点理解。

假如我的话对他有点开解的作用，那更好。

故事三

难道都需要理解吗？

不，有些事情是我所不愿意包容的。

有一天晚上我和朋友们在侨城一品吃饭，饭罢，叫了辆优步，请司机先送我到小区附近，然后送朋友到蛇口他家门口。

后来我收到账单，一看，92块多。怎么回事？

一看地图，明白了，司机从蛇口直驱福田益田路那边，在那里才结束行程，这样全程当然会很长，地图上显示是54公里。

这当然是不合理的。

于是我先问朋友下车地点，他说是在家门口。那里我乘优步去过多次，了解大致路线和价格。

于是我电话给司机询问是怎么回事，他说是自己忘记了。

我说忘记了没问题，但是你多收了这么多钱，你应该退还给我。

他就开始找理由，说路上难走，绕了不少路才到那里，这应该体谅。

这我肯定不信。我朋友是开车的，那天是因为喝了酒才叫车回去，我到小区的路，还是朋友指的方向。

我告诉他这不可能，说我会投诉，他很嚣张，说你愿意怎么就怎么。

同时也有点胆怯，毕竟是他理亏，让我听他再解释，还是说忘记了和不得不绕路，而且绕路主要是在去蛇口路上。

我就不再听了，挂了电话，直接向优步投诉。

我不包容这位司机，是因为他做得非常过分，至少是多收了 50 元吧。我猜他是要回家，所以到家的时候才结束行程，但这样做是不道德的。

不追究这样的事情，是纵容恶。

要理解人与事，需要先花费时间和精力去了解，可能还要实际接触，并且是反复接触。愿意体验，也得用心，所以理解是很难的。

对于不了解的事，我通常会说："不好意思，我不了解，所以不好评价。"有些人不愿意这样做，觉得这样会暴露自己的无知。

贬斥、抱怨、愤怒都很容易，如同导火索，一点就燃。我对多收钱的优步司机也很愤怒，但这是建立在我确认了事实的基础上。而且，当我投诉完以后，也就不再愤怒，等待处理，因为相信优步会给出公正的结果。

在难与容易之间，如何选择？

我不清楚别人怎样，对我来说，万物有灵且美，人事简单也复杂，理解虽然难，我愿意努力去做，对于不了解的，不评价。尽量少些贬斥，多些建设。

从善如流，也疾恶如仇。只是对于"恶"的界定，会很谨慎。

你的人生
等不起

2016 年在香港买了一个较大的三脚架，品质很好，不过在行李箱里会占地方，也比较沉，而有些时候，还真用不到那么大型。可是三脚架本身又是非常必要的，因为有时候需要固定相机，手持的功力我还不行，如果低于安全快门，拍出来的图片会虚。有次在旅行途中看到一位小伙伴带了个小三脚架，觉得很好，后来在微信里问她是什么牌子，想买个，她说是别人送她的，她说回头把那个人的联系方式给我，让他也送我一个。这是意外的惊喜，很感谢她。

可能她太忙了，后来一直没有消息。我也不方便催。于是自己到网上搜索，买了一个，也非常满意，再次旅行时就带出去用了，拍瀑布和夜景就派上用场了。

如果一直等，固然有可能等来免费的东西，不过这终究是个不确定的事情，稳妥起见，还是花钱买个确定为好。

有些人，想读某本书，希望作者送、希望有活动送，虽然一本书花不了多少钱。

有些人希望等双十一网店促销这样的机会，有时候会有二百减一百的活动，真心便宜。

我在深圳，深圳图书馆也非常便利了，想读的书，如果有的借，我并不会买，毕竟存放书是个大麻烦，现在屋子里都要被书堆满了。不过有些新书，图书馆也不见得能够及时采购，我如果需要一本书，会毫不犹豫地下单。

有的书，我不急着看，可以等。有的书，我要用，等不到双十一，更不会等别人送。

很多人觉得，咦，我这明明是基于成本考虑的最佳做法啊。如果有人送，为什么不等？

关键是：不见得有人送。

而且，就算送了，也往往还是需要付出代价的。

秋叶"一页纸 PPT 大赛"送出了八百多本我的新书《用所有的存在与世界相会》，不过有个前提，必须先动手做 PPT，不动手，什么都不会有。

这样的等，倒也没太大妨碍。毕竟都是小东西。

有些等，可能是严重的、要命的。

很多人也都有"万事俱备，我再行动"这样的想法。

等我先工作赚了钱，我再去周游世界。

等我事业有成，我再考虑婚姻。

等我忙完这个项目，我就转行，找份轻松点的工作，多陪陪家人。

2015 年年底，有个突发事件：

12 月 13 日晚，腾讯互娱的员工、原腾讯互娱技术研发中心语音引擎组副组长，在陪同妻子在小区散步之际，突然晕倒在地，经过 24 小时抢救后最终不幸去世。最令人唏嘘的是，他的孩子即将出世，而他们却无缘相见。

而这个事件不是孤立的，阿里员工也有类似情况，就单说腾讯互娱，在 2015 年还有另一位员工猝死。

如果说，长期过劳、工作压力导致的猝死，终究是一个积累的过程，那么一些无妄之灾，个体只能被无奈地颠覆其中。

深圳公明发生山体滑坡，失联七十余人，遇难五十几人，如果不是周日加班的人少，更不可想象。所谓的山体滑坡，并非真正的山体，实则是余泥渣土受纳场堆砌的人工砌土。

这是一个充满了不确定性的世界，而我们仍将不断地活动其中。我曾经和朋友们讨论过，比如高铁站、医院等人群密集的地方，都是危险场所，但经常要外出旅行，难道能够避开所有的高铁站？有时候需要看病，难道不去医院？

如果怀着这样那样的忧虑生活，人生的乐趣会减损很多。

如果抱着"等"的心态生活，有些事情可能会来不及。

我的建议是：

1. 在小事上，尽量减少"等、靠、要"的心理。需要什么，即使是付费，也还是必要的，早学早用早生效。当然，有些事要安心等待，事缓则圆。区分等还是不等，也是一种人生智慧。

2. 摆正自己、工作、家庭的位置，不要只看眼前，也不要心存侥幸。在人生不同的阶段，给出不同的应对。比如在刚毕业的几年，可以在保证健康的基础上多拼搏一下，等到结婚、生育，要相应地做好平衡，不要为工作奋不顾身。增强技能，让自己拥有选择的能力，而不是被动选择。减少欲望，该退的时候能够退出，而不是骑虎难下。

3. 注意心理健康，也注意锻炼身体。面对不确定的世界，保持乐观，但也最好注意训练自己的警觉能力、逃生能力等。尽量避免一些容易发生意外的场合，比如上海外滩跨年活动。平常多做一些拓展训练，关键时刻能够派上用场。

成熟就是不掩饰皱纹和伤痕，
还保有天真

2016 年 8 月 29 日这天，看上去和往常并没有不同，即使未来回顾，也没有什么大事发生。

我出门去吃东西，本来要吃二郎田鸡，想想有点辣，于是改吃烧烤。

然后，去洗头。

这不是图省事，家里的热水器出了问题，忙，也没时间找人来修，先忙正事要紧。

本月的闭关还有两天时间结束。不过，很快就要出远门。

洗头的时候，技师对我说："你好多白发呢。"

我说："太操心了。"

吹干头发，去附近的超市买了方便面、火腿肠等食品，因为后面两天不可能悠闲。又在楼下的柜台买了一枝荷兰菊，裹在报纸里，用手拿着。

等红灯的时候想到，曾经渴望"执子之手，与子偕老"，如今不能做到，那么，执花之手，也是不错。

身畔时常有花，手边萦绕余香。

我有时会放花在床头，在花香里入眠。

如果这一天，是快乐的。

前一天，是快乐的。

明天，也是快乐的。

那么，就够了。

慢慢累积起，快乐的一生。

快乐是一种能力。

这种能力，并不是时时刻刻都开心，遇到不开心的事，而是有能力消解。

在知乎看到一个提问：

"在中国一辈子单身，可能活得很好吗？"

差点都想去回答了，想一想手头的时间，忍住了。

对于时间，既然有大任务，就总是克制。

有时候，"活得很好"只要自己知道、自己满足就好了。

就好像看着眼前的花不断变换，紫的、粉红的、白的，微绿的洋桔梗、红色的荷兰菊、粉掌，享受那份美好，然而不必要都说出来。

仿佛一个孩子，有很多的玩具，有时候想着想着，就会不自觉地微笑起来。

没有条文规定说，当一个人满头白发、满脸皱纹，就不可以像孩子一样快乐。

培养快乐的能力，我用了很多年。

有次别人很委婉地说，记得我好像是单身的状态。

也经常有人在我文章后高兴地说，暴露年龄了。

我很坦然地说，文章、书里，我都写过，并没隐瞒什么。年龄，更没隐瞒的必要。

因为我不觉得这些是缺憾和耻辱。

这个世界，不欠我们的，我们用自己的能力，换取所需，也不欠世界的。

我尽自己的责任，但不被绑架，我接受框架，但不被无关之物束缚。

人人都会老去、死去。

因此，我活得非常坦然，除了成长进化之外，没感觉缺失，也没有羞愧感、内疚感和焦虑感。

年少无知的时候，我也曾经是惶惶不可终日的。

我至今都记得姐姐当初对我的指责，说我不负责任，累父母忧虑，不为妹妹考虑，说妹妹为了我都不敢恋爱。

那样烙印般的伤口，我记着，不为记恨，是为了自勉：

我要配得上过往的经历。

被切割，不是坏事，因为割开的伤口，也可以加大生命的纵深感。相比一马平川的人生，我更愿意充满沟壑，既然很多事情回避不了，不如化伤痕为酒窝。

大学时的男友，问我过得好不好。

我说很好。

他说不太信，想到我，会心酸。

我说真的很好，不用心酸。

我们大学毕业后，没再见过面。

他有个可爱的女儿，上四年级。

我记得他曾经对我的好，也记得他说分手时我的伤心，失恋的确让人成长。

事过，境迁。

无怨，不悔。

当下，并非一味轻松，也有压力和阴影。

其实我是一个谨小慎微的人，习惯于小心和缜密，不给人添麻烦。

我知道自己作为单身者的各种尴尬，也因此在言行举止上尽量避嫌。比如我通常是与夫妻双方交往，如果对方的伴侣或女朋友表示不高兴，那我就保持距离甚至不再来往，对自己的措辞也会更加注意。

这个世界，并不是你说问心无愧就好的，既然有人的地方就有江湖，那么，就坦然接受或做出取舍。

即使每句话都过脑子、并非信口开河，但也不可能总知道哪句话说得不妥当，一旦发现有人在意，我就立刻道歉。

若我让人不舒服了，不管发心如何，都是我错。

当下，八月将尽，九月会来。

2016 年，已经过了一大半。

已凉天气未寒时。

阳台上五爪金龙的叶子，有的黄了。

我用麻绳，绕过铁栏，让它们攀爬。

喜欢植物们喷薄而出的生命力，仿佛我也可以受到感染。

不知不觉，搬过来也将近两个月了。

我对明天没有充满希望，因为对今天已经超级满意。

这个月，没有走出家门 2.5 公里方圆之外。
安心地宅居、写书、运动、浇花、拍照。
日常家居，穿运动服，这样比较有效率。
有人说，我拍的照片怎么都是景物。
是因为没有离开家门的缘故，螺蛳壳里做道场。

即使是这样宅着，也还是会有很多好玩的东西。
有时候写东西累了，就坐在阳台的小竹凳子上，看云，看铜钱草，看蝴蝶一般的紫色酢浆草。
若不能把握那些身边的细微变化，即使走进诗与远方也还是流于表层。毕竟，跋涉千里，并不是只图发几张自拍到朋友圈，应该敞开全身心去感受。

当我闭上眼睛，我能感受到风声。
当下的风声、桂阳深山之中的风声和巨大的风车、贵州镇远掠过原始森林的风声、巴黎的香波堡外呼啸而过的风声……
还有花开。幼时家里大片的紫色荷兰菊、苏州运河旁灼灼的桃花、澳大利亚的薰衣草、深圳七月的凤凰花……
它们如同漩涡，将人卷入其中。
这是我愿意付出生命去探寻的美好，也是我得以保存天真和好奇心的源头。

一个人活在世上，必须努力，即使最终拿不到想要的结果，这个奋斗的历程也还是有特殊意义。

张晓风说："生命是一场受过巫法的大诅咒，注定朽腐，注定死亡，注定扭曲变形。"

她又说，"给我一个解释，我就可以再相信一次人世，我就可以接纳历史，我就可以义无反顾地拥抱这荒凉的城市。"

感谢这个世界，感谢爱我的人们，你们，就是世界给予我的解释，所以我敢于直面这苍凉和扭曲，所以仍然可以用平静的眼光澄净的心情，默默地面对一切。

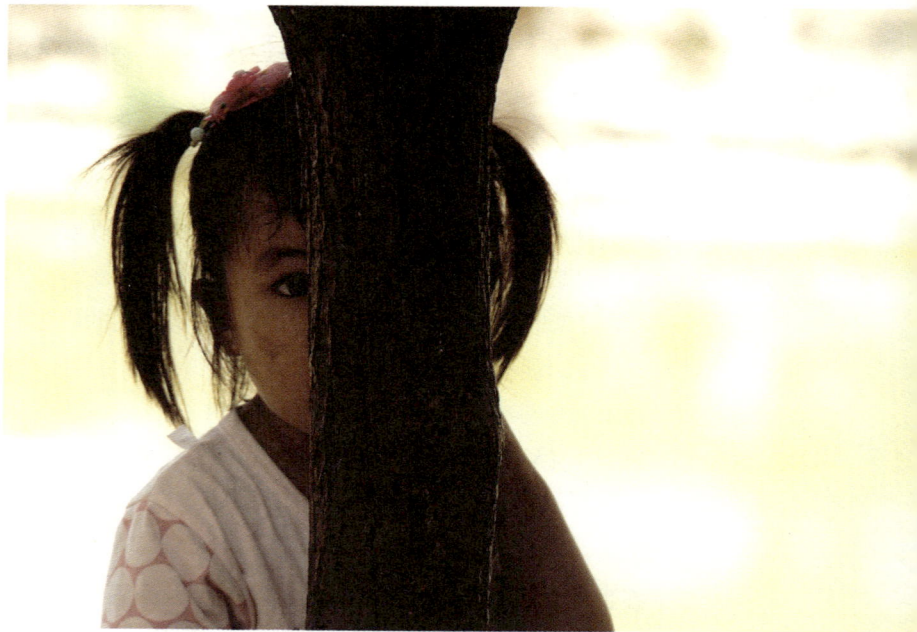

美好回忆是留不住的，
只可缅怀

看到一个留言，说她在高中同学群里被同学恶毒地攻击，她为自己辩解，后来忍不住破口大骂，她问如果我遇到主动攻击，会怎么办。

我说，要么不参加同学群，要么微笑不发言。

对于网上遇到的恶意攻击，无视。

微笑不发言，是我一位朋友告诉我的，他在高中同学群的态度。

很多人高中毕业已经多年，大家分走不同的道路，性格、三观等都有很大差异。其实高中时也不见得有多少交往，作为成年人试图把酒言欢、交心交底，其实是很难的事情。

在群里的讨论，由于各人身份不同，自然难免火花。公务员可能会有优越感，发达的企业主可能会让混得不如意的人犯酸。大家是同学又不是兄弟，谈不上多大帮衬。

朋友还对我谈过一件事：

有次回老家，一帮高中同学约了聚会。聚会后，一位同学有车，要送一位骑单车来的同学回家，那同学很不高兴，说："你有车你牛啊？"骑单车走了。有车的同学很尴尬，他本是好意。

群里的讨论越热烈，越有可能出问题。

一个人发言的初衷可能是好的，但不见得符合别人的标准，而如果发言还要考虑别人的标准，这也就累了。

高中的好朋友，始终都在一起，不熟悉的，也没必要硬凑。

遇上了，笑笑，寒暄一下，道别，珍重再见。

这是更好的方式，也传递善意。

为了彼此的看法不同而争执，和高中时候倒真是很像。那么，这许多年的成长呢？白过了？

留言给我的读者感叹说，本来是想通过微信群，留住高中的美好回忆。

假如不能正确地对待过去和当下，唯一能够留住美好回忆的方法就是，避免见到相关的任何人。

你能做得到吗？

肯定不能。

至少，你不能避免见到自己。

镜中的自己，是岁月的见证。

人的生活，是以"现在"为准，不是过去。

我对过去的生活，怀有美好回忆，是因为懂得其中的界限，也就是正确地对待过去和当下。

　　明白一切逝去难再追，于是坦然接受。不试图用微信群等方式挽留友情、回忆，因为根本不可能。生活中有我们不了解的另一面，自己的美好回忆，在他人看来未必如此。

　　我去北京时，住在我最好的朋友家里。我们从初一就是好朋友，亲密无间。高一分班时不在一起，高二高三还是一个班。那天她对我说起一些事情，我才明白，原来对同一段岁月，我们有些感受并不相同，而那时候，她并没有对我讲过，我眼睛看到的、当时感受到的，其实不是全部。事隔多年以后，我才知道她当时的一些境况，却也并不能拥抱当年的她，也难以安慰现在的她。我只是理解了她现在的一些言行，不再给她意见，而是陪着她一起，买菜、做饭、聊天，温情相伴。

　　我们看过去的岁月，如同进电影院看一场电影，进去，把自己放进剧情里，入戏。电影结束了，我们就放下剧情，走出影院，回到自己的人生。别人的故事可能会对我们有启迪，但主调是我们自己的人生，而不是活成别人的样子。

　　微信群也罢，现实中的交流也罢，友谊也是流动的，在不同的阶段，需要用不同的方式去维护。比如我的朋友，在少年时代，我送书给她看，现在，我送书给她女儿看。

　　世间的一切都在流变，我们记忆中的一切，不可依恃。当年青春年少的我们，如今慢慢成熟、衰老，当年美丽的校园，如今可能面目全非。

　　我的高中连名字都改了，然而那又如何呢？在我的记忆里，校园里路旁的蔷薇花，仍然开得那么繁盛娇艳，大树下的图书馆，夏天笼罩在荫凉里，有人从里面递书出来，有我喜欢的《唐宋词格律》《纳兰性德词选》。我有很多年没回学校，就算回去，眼前的景物上也会叠印出过往。眼前是真实的存在，过去也是，只不过存于记忆中。它们都对，我都接受，只是可能更享受和我相关的过去，但也不恋栈，因为已经是过去，因为活在现在。

我们不是年年都说吗？

辞旧，迎新。

珍惜过去，感受当下，
缔造未来

我来到这个世界上，不过如同一阵风，短短的几十年，散去。

所以我不要活成别人期望的样子。

曾经有一次，我在知识型 IP 群里提问：

很多人都说想要财务自由，那有没有计算过，如果想要达到这个状态，到底需要多少钱？这个数目是如何估算出来的？

我之所以这样问，是因为我发现一个现象：

我们经常会提到很多名词，比如"自由""财务自由""梦想""才华""诗与远方"，其实很多人并不会深究其中的含义，也不会给出明确的定义。在他们心目中，那是一个值得追求的远方梦境，如同海市蜃楼，不管是否虚幻，只要在那里就够了。而事实上，每一个词都可以给出相对精准的外延和内涵，也应该以自己的标准去定义。

有人鲜衣怒马、生活奢侈，要想达到财务自由，十亿美金都不够。

有人箪食瓢饮、生活朴素，要想达到财务自由，也许 500 万人民币就可以。

就我本人来说，无所谓财务自由。生活简单，要求简单，不以金钱来衡量，而以行动自由来衡量，所以要趁着年轻，行走世界，不等老迈到无法行动，空剩金钱徒有雄心。是以，我不去估算金钱，我只估算时间和精力。

钱的意义，在于传递爱。

有一天，特别想念家乡的好友们。

于是给她们发红包，说我想她们了。

穿越漫长岁月，我们还在一起，真好。

我不是恋旧的人，始终相信现在和未来更美好，然而过去的丰盛回忆，每次回顾都觉温暖。

就像初遇 WH 的那天，她穿一件粉红色的上衣，扎马尾，到我桌前来，让我交数学作业。

那天是第一次遇到她。她是数学课代表。我看着她，觉得她又高傲又漂亮。

她妈妈是我的地理老师，非常严厉，说我学习不好，让她不要和我交朋友。我很怕她。

然而我们还是做了朋友，一直到现在。

就像 GW，她本是我姐姐的同学的朋友，比我高一级，阴差阳错地，我们成了朋友。

她比我姐姐更像姐姐。

她家在我家新买的房子对面。那年，家逢巨变，我去她家，她让我躺在沙发上，帮我做面膜，手轻轻抚过我的脸，当时很想哭。我家那栋房子后来卖了。

就像 CQ，我们做了很多年的对桌同事，经常以"下企业"为名，一起偷偷出去吃东西。有一次行里组织去黄山，被子湿冷，她拿出自己的衣服给我穿。她怀孕、生孩子，买各种零食时总有我一份，有次买了两个糖果盒，她儿子一个，我一个。被当作孩子一般宠着，是种幸福。屈指算来，十多年没有见过她，然而心理上，从不曾有陌生感。

如果岁月流逝，带走一切，徒留伤怀，那么，人会害怕老去，总想留住过去。

然而我所失去的，我都坦然对待。

我所有的，我都珍惜。

我不觉得匮乏，也不缺安全感，所以不惧。

岁月并非无情，庆幸遇到，庆幸相守。假如没有岁月这样沉淀，就不能体会，白水酿成美酒的醇美滋味。

而这，也就是岁月的美好意义。